打造
全蔬食世界

如何輕鬆與人
傳遞純植物飲食的美好

普羅維植國際植物性飲食協會（ProVeg International）共同創辦人
托比亞斯‧李納特
Tobias Leenaert ——— 著

台灣友善動物協會（Kindness to Animals, KiTA）共同創辦人
張家珮 ——— 選書‧翻譯

HOW TO CREATE A VEGAN WORLD

目錄
CONTENTS

③ 論點：
如何創造改變的動機？ ················· 105

4 環境：
讓事情更容易 ………………………………… 138

滿分推薦此書給動保工作者！

2018 年在 CEVA 參加的純素主義研習營中學到很多，包括如何用符合人性的方式來推廣保護動物、保護生態的理念等。

溝通學與策略的博士向我們解說如何創造有尊嚴、友善的對話過程，「內容」在溝通交換的過程中其實只占極少，絕大部分的人，會記得的是接觸當下的「感覺」。

所謂的瘋狂地堅持者，在群體中是絕對少數，真正能實際改善大環境的，是一般的社會大眾。研究大眾的行為模式、思考方式、行動誘因等，就是改善整體環境的策略核心所在。

人這種生物，大多會有條件的嘗試改變，但通常都會無條件的贊同自己正在做（正在參與）的事，所以先改變行為，自然會改善習慣，接著就能自行產生論述與態度。

所以我們要創造最低限度的參與感，持續培訓有信念的人，一群揮動翅膀的蝴蝶，將能帶來巨幅的改變。

　　　　　　—左湘敏（中華亞洲環境生態護育交流協會常務理事）

每個推廣 vegan 主義的人都該看看這本書！

近幾年純植物性飲食概念已快速擴展到社會中，蔬食推廣者族群也迅速擴張，如雨後春筍，從宗教團體、個人部落客、Youtuber、餐飲品牌、街頭活動等，蔬食的聲浪日漸高漲，有趣的推廣模式也層出不窮。我總認為，每個推廣者都有自己的功課和使命，但有時仍會煩惱，到底該如何有效的將蔬食理念推廣到雜食者、甚至是仍在食用動物性食品的其他素食者身上？一樣是推廣素食，為什麼彼此理念會有

出入？是道德的問題？還是改變對人們來說的確相當困難？而和蛋奶素者一起用餐時總有違反自我 vegan 理念的感覺，但只與 vegan 往來是否又太偏激？為什麼肉食餐廳開始販售一兩樣素食就得到推廣者們的熱烈鼓勵，而蔬食餐廳販售奶蛋卻被大力躂伐抵制？

許許多多的問題，我在這本書裡找到了答案，有了自己心中的一把尺！相信對其他在推廣蔬食這條路上努力的人們，也有同樣的幫助！

—布魯桑（知名 Vegan 部落客）

托比亞斯李納特是一位幽默風趣、沉穩睿智的動物權推動者，他不只有熱情，還有洞悉群眾心理的策略性思維，本書將是蔬食推動不可多得的教戰守則，推薦給所有希望世界變得更好的你，一起從改變自己開始，創造一個和平而美好的明天。

—蘇慕容（慈心有機農業發展基金會執行長）

在推廣的歲月裡，內心深處曾有個一直想不通的問題：難道妥協就一定是種鄉愿跟懦弱嗎？讀了本書，感覺像遇到知音，內心非常激動！真的很高興有這樣的專書，系統性地寫出人類現實上的運作法則，而不只是單純道德論述思維。深深佩服本書作者的學養與勇氣。

—台灣資深推廣者

　　2009 年比利時根特市有百分九十四的孩童在每星期四吃了蔬食。2011 年台灣高中小學有百分九十三的師生每週一日在學校吃了蔬食。同為純素者的托比亞斯與我們，不約而同地試圖以務實的方法尋找出「讓好事變得更容易」的每一條可能途徑，以實現純素世界的理想目標。

　　托比亞斯以其真誠且豐富的心路歷程，觸及推素者必經的深度探索及誤解疑惑，在書中提出精鍊的寶貴論述及方法，值得所有願為不說話的動物盡一點心力的人閱讀思考。非常推薦並期待本書即將發揮的正面肯定能量。

─張祐銓（台灣週一無肉日聯絡平台總召集人）

【戒肉銘】

吃素難嗎　是的
戒菸更難　抽菸傷身但吃肉害命呀

人都怕死動物也是　有人不吃牛
有人不吃狗　但又何忍吃豬吃雞

納粹開設集中營　天理不容
動物受困養殖場　有何不同

人有吃肉的自由　也有生病的報應
人可以任性但也要認命　病魔索命時只怕後悔遲

碗中肉怨難平　瘟疫與人命危
血債似海　戒肉是岸

─范姜醫師（全台首例新冠肺炎痊癒患者主治醫師）

在動物權利運動文獻中，托比亞斯李納特的著作一向都能提出最犀利、最具洞察力的題材。在終結工業化動物剝削年代中，他的建言為倡議者提供了能發揮決定性作用的工具。

—艾瑞克馬可斯（Erik Marcus），

Vegan.com 網站發行人

一如宗教、政治和飲食教條皆有其鼎盛之時，《打造全蔬食世界》為務實主義者提供了一個溫暖的避風港。立論鑿鑿有據的作者聲稱，與其激進前行，不如透過重視微小改變及全面改革，我們能夠逐步建立一個慈悲良善且能永續發展的世界。

—維多莉亞莫蘭（Victoria Moran），

《Main Street Vegan》作者，Main Street Vegan Academy 總監

托比亞斯李納特對純植物維根推廣運動的所有議題皆有其獨特且務實的論點，就像刀切豆腐，所有問題皆能迎刃而解。他用極具說服力且不背於事實的推論，無所畏懼地向普遍的誤解和行之有年的陋習提出挑戰。我們仰望和本書作者一樣，總是獨立自主且饒富啟發性的行動者們，引領我們邁向通往維根世界之路。

—賽斯帝博特（Seth Tibbott），

Tofurky 公司創辦人兼主席

　　《打造全蔬食世界》是一本想盡力為動物創造更美好世界的人都必須閱讀的書。托比亞斯李納特身為一個純植物生活擁護者，以自身豐富的經驗整合各種研究，為有效倡導維根運動呈現清楚的論點，並提出務實的方法。我給予本書相當高的評價！

—梅樂妮喬伊（Melanie Joy），

有效維根推廣中心（Center for Effective Vegan Advocacy）

共同創辦人暨總監

　　在動物議題上，本書作者可算是當今最重要的作者之一。他最大的長處或許是他總能聚焦於如何在現實世界裡對動物產生實質的助益。尤其是在這個讀者普遍被社群媒體灌注經篩選之資訊的時代，把焦點放在純植物性飲食者感興趣的話題上，可謂輕而易舉。然而，本書作者並不將眼光放在獲得了多少按讚數或分享數上，卻更專注於最重要的底線——將側隱之心傳播給更多的人們。

—麥特波爾（Matt Ball），《*The Accidental Activist*》作者，《動物權利推廣者行動手冊（*The Animal Activist's Handbook*）》共同作者

　　若要肉品業者挑一本最不願人們閱讀的書，那就是這本。

—樂百善（Sebastian Joy），普羅維植國際植物性飲食協會

（ProVeg International）共同創辦人暨總監

心地善良又心思細膩的本書作者告訴我們，在動物權利運動中，理想主義和務實主義缺一不可，我們可以透過通力合作、互相包容以及與還在各種不同階段的人們接觸，來達成更偉大、更關鍵的進步。聽他的吧。

—喬安妮麥克阿瑟（Jo-Anne McArthur），
攝影記者，《We Animals》和《Captive》作者

為什麼「食物優先」是倡導動物權利運動中必要的策略，托比亞斯李納特對此提出了非常具有說服力的論點。每個願意幫助動物的人，都應該閱讀這一本既讓人耳目一新、令人信服又終極正向的一本書。

—布魯斯佛里德里希（Bruce Friedrich），
好食品研究所（Good Food Institute）執行長

它是相關主題中最重要的一本書。本書作者以慧點、仁慈和幽默的方式，巧妙地將淺顯易懂的故事和強力的批判相結合，使讀者終能獲得嶄新的喜悅和使命感。如果你想要以最有效的策略來減低當今社會對動物性產品的消費，本書將成為你的終極指南。

—布萊恩凱特曼（Brian Kateman），
《The Reducetarian Solution》編輯，
Reducetarian Foundation 共同創辦人

從成功的行為改變研究及豐富的自我經驗中借鏡，托比亞斯李納特替想要為動物改變世界的人們創造出必要的工具。《打造全蔬食世界》是一本思慮縝密、務實可行且極具號召力的好書，同時充滿許多實用的訣竅，或許可大大增進你的推廣效果。

—維吉尼亞墨辛納（Virginia Messina），
《Vegan for Life》作者，及《Even Vegans Die》共同作者

本書作者不只想做正確的事，更想運用實事求是的方式讓社會產生巨大的變革，他透過對人性敏銳的觀察力，來完成這個目標。正如同 Berthold Brecht 在九十年前即做出的聲明一般：食物優先，道德次之。

—賈普科特維格（Jaap Korteweg），
草食屠房（Vegetarian Butcher）

托比亞斯在書中提出令人耳目一新的實用主義，任何能減少資源浪費、降低溫室氣體排放、及減輕動物苦難的方式都值得嘗試。就我個人經驗而言，亦得以印證作者在此書中的論點。身為一個習慣食用肉類的人，讓我逐漸減少食肉，進而成為奶蛋素食者甚至純植物性飲食者的關鍵因素裡，如在美味的蔬食餐廳用餐、女兒是奶蛋素食者、以及遇見如本書作者般理性的人們等，所帶來的影響比我的專業努力或遇到傳教式的蔬食者要大得多。

—馬克波斯特（Mark Post），
幹細胞漢堡發明者

　　我在 2005 年成為純植物飲食者。如果在當時就能接觸到此書中的許多想法，那就太好了，這會為我和其他夥伴省下無數無謂的討論時間。強烈推薦給任何想要創造改變的純植物生活推廣者！

―馬海克洛斯特哈芬（Mahi Klosterhalfen），

Albert Schweitzer Foundation 執行長兼總裁

　　本書透過條理清晰、策略分明的方法告訴讀者，我們該如何在終止工業化養殖和拯救數十億動物於苦難中盡一份心力。

―大衛柯曼海迪（David Coman-Hidy），

人道聯盟（The Humane League）執行總監

　　托比亞斯李納特是個多才多藝又高瞻遠矚的人，敦本務實之餘又能妙筆生花：不啻為肉品工業的剋星。全書從頭到尾皆以流暢的文筆書寫出許多絕佳的建言，內容不但以研究結果為立論基礎，也能符合一般常識。如果你關心動物，就該讀上一讀。

―希拉蕊雷蒂格（Hillary Rettig），

維根運動份子，《The Lifelong Activist》作者

　　在一場感性的運動中，務實主義經常被忽視。本書作者慎思深慮該如何在現代社會中創造變革，他以面面俱到的觀點教導珍貴、實證的方法，為動物贏得勝利。

―強巴克曼（Jon Bockman），

動物慈善團體評估協會（Animal Charity Evaluators）執行長

　　若我能早幾年拿到《打造全蔬食世界》該有多好！它徹底顛覆了我對「該怎麼做才能幫助最多動物」的想法，假若你想要拯救動物，別只是閱讀此書，你應該把它放在床邊，時時惕勵自己。

—莎朗努內茲（Sharon Nuñez），

動物平權（Animal Equality）總裁

　　對維根運動的奉行者來說，《打造全蔬食世界》就像是一本無懈可擊的請願書，以利他主義的原則和社會心理學的研究出發，本書作者指出：偏見使我們無視動物的權益。他以強而有力的論點，要我們捨棄傳統世俗的認知。走出舒適圈，以不證自明的方式，對動物做出最有利的幫助。

—路易斯波勒德（Lewis Bollard），

農場動物福祉（farm animal welfare program）職員，

the Open Philanthropy Project

　　當人們認為他們必須做所有事情時，那最後反而甚麼都不會做。本書提供了實用的大綱，引導人們採取積極的步驟；也為會不時自問「我是要做得正確，還是做得有效率？」的行動主義者，提出了務實的解答。

—科琳帕特里克古德洛（Colleen Patrick-Goudreau），

《30天純素挑戰（The 30-Day Vegan Challenge）》作者

《打造全蔬食世界》下筆精準、清晰，提出世故且堅定的洞察，鼓勵動物權支持者運用情境驅動、不落俗套且往往違反直覺的策略。本書以環環相扣、發人深省的想法為各種策略和潛在的盟友進行聲援，用以強化批判性的思考能力並將影響力發揮到極致。

——唐蒙克瑞福（Dawn Moncrief），
飽足世界組織（A Well-Fed World）創始總監

《打造全蔬食世界》之於我們的動物權倡導效率，是最好的挑戰。這是最發人深省的一本書，對講求實證研究和實際策略成效的務實行動者而言，是一本必讀的好書。

——馬修葛洛弗（Matthew Glover），
純植一月（Veganuary）共同創辦人

當我們像無頭蒼蠅般找不到出路時，這本書引領我們透過反思梳理出頭緒，它在融合理論與研究上的成就非凡。托比亞斯的論點幫助我在自己的研究上，形塑了我的思考方式，也讓我重新思考看待維根主義以及影響力的方式。

——凱薩琳艾夏（Kathryn Asher），
動保影響力研究會（Faunalytics）研究總監；
紐布朗維克大學（University of New Brunswick）博士候選人

通往維根世界（vegan world）的條條大道

◆彼得辛格（Peter Singer）

我在著作《動物解放（*Animal Liberation*）》一書時，結語中我寫到：

人類有能力繼續對其他物種進行壓迫，直到永遠，或說直到這個星球不再適合生物生存為止。這種暴行是否將持續，證明當道德和自身利益相衝突時，道德將變得無關緊要，如同最憤世嫉俗的詩人和哲人一再敘說的那樣？抑或，我們將迎向挑戰，並終結粗魯地剝削其他受制於我們權力之下的物種，以證明我們也有純粹利他的天性，並非因恐怖叛亂份子之脅迫而屈從，而是意識到自己在道德上站不住腳？

這個問題的答案，需要靠我們每一個人，各自回答。

經過了四十多年，這個問題仍無法得到解答，但利他主義者卻已收穫了一些成果。某些我曾在《動物解放》一書中提到的圈養法（confinement systems）已在整個歐盟，從葡萄牙到波蘭，從芬蘭到希臘被禁止，加州也同樣下了禁令。一些大企業，例如麥當勞和沃爾瑪，也不再在他們的產品中使

用由這些方式飼養的動物。

四十年前，甚至沒什麼人知道維根（Vegan）這個詞的意思。在某些地方，像是柏林，過去很難找到供應素食餐點的餐廳，更不用說純植物（Vegan）的餐點了。如今，柏林和其他許多歐洲、北美、澳洲和數個不同國家的城市一樣，純植物性飲食的發展欣欣向榮。這種改變十分迅速，大多從過去的十年間開始。純植物性餐點不斷進步，可觀的資金也正流向那些研究從細胞製肉的公司，或製造擁有和動物製品相同口感、味道的植物性替代品的公司。

因此，期待當今社會大幅轉變為維根世界的理由油然而生，本書作者會告訴我們如何實現這種期待。雖然他所追尋的世界和我當初撰寫《動物解放》時所期待的一致，但他的方法無疑為我在一開始引述的問題，提供了實用的修正。若「打造全蔬食世界」得靠我們每一個人捨棄自身利益、選擇利他主義（altruism）才能成就，那麼，在可預見的未來中，這世界能到達的最佳狀況，頂多是達到「部分維根」。

我並不懷疑利他理念的存在，在從事動物運動和有效利他主義運動時，我曾遇過一些為了拯救動物而埋首工作的人；我個人熟識的三位朋友，甚至把自己的腎臟捐給了陌生人。然而，世界上仍有許多自私的人，甚至，有更多人雖稱不上徹底自私，但也未曾將自己對道德的要求，擴展到自己本身或親友之外。對這些人來說，他們享用的餐點來自於動物苦痛的事實，並不會讓他們改變飲食習慣。他們目前的飲食和其他可輕易轉換的飲食選擇相比，更加劇了氣候變遷的這個事實，也不會令他們願意轉變。他們只會因為對個人健康的追求、或者為了更方便、更便宜等理由而進行改變。或者，當大多數人成為純植物性飲食者，他們才因害怕變成非主流而改變。又或在眾目睽睽之下，因選擇的餐點而被視為野蠻人時，才會改變。

這也是為什麼，當本書作者提出我們太容易相信必有一條正確的道路可以引領我們達成目標——他將此目標稱之為「維根村」（Veganville），我們也知道那條路是指什麼（需靠每個人犧牲自身利益來完成），我認為他是對的。

路有很多條，通常我們並不知道哪一條才是通往目標的捷徑。我們當中有些人認為，只要告訴人們宰殺動物罪大惡極，並且讓他們知道食用動物時，會對動物造成極大的痛苦即可。一旦他們理解了，自然沒有理由不去做出轉變吧？

也有些人相信，使用更溫和、更友善的方式，較容易達到成功。他們認為應該從改善被飼養動物的福利著手，並鼓勵人們在膳食中減少動物性產品的份量。

還有一些人，不想提到動物遭受的痛苦，認為有更多人在意減少碳足跡，因此，這類推行者把論點放在動物性產品對氣候變遷產生的影響上面。

另外有些團體認為，如果我們用健康議題來說服人們不要吃動物產品，更可能改變他們的行為。

但是，正如同本書作者所言，使人們改變的初衷並不是重點，而人們對動物的關懷，會在他們的行為改變後，開始在心中滋長。

當談到如何說服人們轉變為純植物飲食者時，我們必須嘗試不同的方法，並且從中獲得可靠的資訊，讓數據告訴我們何者有效，何者反之。總而言之，我們必須找到讓人們能輕鬆進行改變的做法。

極少數人和本書作者一樣，有資格對此議題發表意見。身為比利時道德蔬食推廣協會（Ethical Vegetarian Alternative）的創辦人暨十年資歷的董事，他參與的計畫，最終使根特（Ghent）成為世界上第一個正式施行每週一天蔬

食日的城市。然後，他和梅樂妮喬伊（Melanie Joy）共同擔任有效維根推廣中心（Center for Effective Vegan Advocacy）的共同負責人，在歐洲、南美洲、南非、亞洲和澳洲舉辦探討維根推廣工作坊。如今，憑藉著豐富的經驗和淵博的知識，他將幫助更多人成為更有效率的純植物生活推廣者。

我最欣賞這本書的一點是，本書作者對達成維根世界——他心中的終極目標——的困難，並不存有不切實際的想像，然而，這並未讓他氣餒，他仍努力汲取所有知識，以便早日達成目的。假若你想為維根運動，以及它所追尋的目標——使世界更美好——來盡一分力，本書將是個很好的起點；又或，若你已經參與了維根運動，本書也能幫你對自己的努力進行評估反思，並讓你能夠做得更好。

用更有效的方式
邀請更多人加入純素世界

◆ Sydney

台灣第一屆 Vegan 市集——草獸派對創辦人

對於不認識我的人，我是 Sidney，但大家都叫我草獸，我是台灣第一個純素生活節的創辦人，也是一名 vegan 部落客，非常感謝我能有這個機會，推薦我最愛的作者。

也許很多熟悉全球 vegan 純素主義運動的人會不同意我這樣說，但我個人認為，Tobias Leenaert 對於純素主義的推廣策略，是我聽過最引人入勝，最有說服力，也和我個人觀念最相互呼應的理論。在第一次聽到他的個人演講時，我就忍不住淚流滿面，忍不住衝上去給了 Tobias 一個很大的擁抱，我覺得他對於純素推廣的精闢理解，簡直救贖了當時我心中，因為太認真想推廣，但快被現實打倒、也感到心力交瘁的靈魂。

在台灣，以「動物權利」為出發點的純素主義，即便到了 2020 年，還是相當罕為人知，對於一個投入五年的純素推廣者來看，我個人常常覺得相當灰心

無力，但我一個人能做的，畢竟很有限，但真正了解純素主義的核心精神，又在台灣實際具有影響力的人，也相當稀少。目前看來，完全不吃動物性製品的純素人口已經相當小眾，願意花時間推廣的各路人們，又不一定都掌握住最有效的方式，進一步打動人心，這是非常可惜的現象。

因此，《打造全蔬食世界》這本書能出版中文版，實在是非常振奮人心的一件事，因為在純素推廣的路上，有一件非常重要的事情，常常被忽略：「道德上正確的事情，不代表一定是最有效的方式」，太多人把推廣的重點放在「說出真相、說出對的事情」，但卻忽略了，這個策略是否「真的有效」？是讓人對純素主義感到有興趣？還是讓人對純素主義心生畏懼？你所謂的「推廣」，真的在別人心中留下美好的印象了嗎？

這是我在親自參加過 Tobias 和 Melanie 主辦的講座之後，得到最顛覆我過往價值觀的概念，也是因為這個核心理念，讓我終於清楚了自己推廣純素的立場，更確定了我在推廣純素的目標，也越來越能掌握和不同的葷食者相處，讓他們卸下心防，讓他們願意走入我的世界。

簡單來說，聽過 Tobias 的分析之後，我對於純素推廣的工作再也不感到迷惘，我自己也看到越來越好的成效，更多人願意因為我，不再在餐桌上吃動物。因此，我非常確信，如果你是認真想改變世界的一份子，你希望能拯救更多動物，這是一本你不得不讀的好書；即便你不需要百分之百同意作者的觀點，但至少你可以知道：「原來有些人是這樣想的啊！」進而去評估、去判斷，你想用怎樣的方式，吸引、邀請更多人加入你的純素生活、純素理念。

希望你讀得開心！如果你有感動，也歡迎與我分享。

一本讓維根推動者功力大增的書

◆ 倪銘均

資深講師、慈濟大愛台主播

我曾經無肉不歡，可以整個火鍋都是肉片沒青菜，蒙古烤肉把碗裝成「肉山」才夠本。

慈濟和大愛台，本著健康、尊重生命和愛地球理念，致力推動蔬食，我常常播報蔬食好處的新聞卻吃雞排，言行不一；而大愛台經費有部分來自環保志工，自己的飲食習慣卻很不環保，於心有愧；認為自己有愛心卻吃動物，良心不安。

因此 40 歲決定不再吃肉，當作送給自己的生日禮物，但當時還是捨不得放棄吃肉，因此先來一趟「美食之旅」，把想吃的肉吃完一輪，包括一碗三千元的牛肉麵，還有最貴的牛排、最貴的魚翅。

吃素後發現體力變好，梳化妝不會坐上椅子就「秒睡」，感冒明顯變少，三酸甘油脂的紅字也不見，骨質和血紅素目前也正常，不只瘦了一圈，很多人也說我比實際年齡要年輕，原來吃素好處這麼多。

好東西當然要和好朋友分享，曾經愛肉如我，現在竟然是一位推素講師。

我主持、演講超過 1600 場，素食現在是我最喜歡分享的題目之一，因為只要多一個人吃素，就多一個健康的人，減少動物被虐待、殺害，也減緩了全球暖化。我也在自己播報的新聞當中開設「素食心語」單元，邀請各行各業分享茹素心得。

我看了很多和蔬食有關的書籍，這是我第一次看到教人如何推動維根的書。作者博學多聞，舉了許多書籍的內容，還有企業案例與政策推動，包括繫安全帶、禁菸修法，還有廢奴運動如何成功等；而他的論述都有根據，像我學到什麼是「激進側翼效應（radical flank effect）」與「奧弗頓之窗（Overton window）」等。好像上了一堂行銷、管理與心理學的課。

這本書拓寬我的眼界，很多理念是我從來沒有想過的，例如：減肉者集合在一起，改變系統的速度會比少數純植物飲食者要快；減肉族群能拯救的動物，反而比奶蛋素和純植物飲食者要多；減肉者比一般的雜食者，更可能轉為奶蛋素或純植物飲食。

我學到推素要有策略，我學到「漸進式」可能是更快達到目地的方式。這些內容都會成為我之後演講的素材，也讓我覺得「德不孤必有鄰」，原來國際間有這麼多人和團體，為了推動維根而努力。我也因為素食，更關心動物權利，逐步接近 VEGAN，雖然目前還無法完全做到。

SARS 的傳播和吃果子狸有關；而 COVID-19 疫情蔓延，也可能和吃穿山甲有關，其他還有禽流感、口蹄疫等，都和人類愛吃肉脫離不了關係，因此，邀約更多人變成維根，此刻顯得更加重要。

吃素不是一件簡單的事，勸人吃素更難，可是有心就不難。書中內容對我太有用了，感恩托比亞斯李納特的無私分享，感恩家珮引進這本書，讓我功力大增，相信可以鼓勵更多人棄葷轉素、愛上蔬食。

找出最正確的方法 建立維根地球村

◆ 黃建勳

台大醫院雲林分院家庭醫學科主治醫師暨安寧病房主任

　　不論是基於醫師的身分，或是知識份子的使命感，我常常提倡維根的精神。我期望分享利人利己的觀點，因為我相信帶給我健康幸福的，也能帶給別人同樣的收穫。我認為不論從健康、環保、愛動物或宗教的觀點而言，「全植物性飲食」都是人類最佳的食物，當然「維根地球村」也是我的夢想。可惜無論如何推廣，也不見有立竿見影的成效，就在我苦思不得其解的時候，托比亞斯李納特的《打造全蔬食世界》解開了我心中長久的困惑。

　　原來每一位蔬食者背後都有一個故事，我也不例外。因為已經太習慣現在的飲食，有時候我們會忘了自己轉變飲食的「歷程」(原來我們也有幾番摸索、不斷嘗試的過程)，甚至淡忘曾經有過的孤單和艱辛。這令我聯想起自己如何從怠惰的跑者，成為如今不跑不快的愛跑族。多虧我結識了幾位長跑健將，他們無私奉獻自己的經驗，又一步一步陪著氣喘噓噓的我跑完全程，看到他們風雨無阻的精神，以及身上散發出來的青春活力，我終於不再回頭，往前一路跟跑下去！

　　如果我們能影響一個人建立運動習慣，那麼我們也能幫助一個人改變飲食習慣。只是要了解作者提醒我們的：「最短的路，不一定是正確的路；迂迴的彎道，有時候才能帶我們避開沼澤。」於是我了解與其站在自己的觀點要求別人，不如設法去營造「平價、美味、方便、健康」的蔬食環境。就像我在戒菸門診做的：不是去譴責癮君子害人害己的行為，而是給他戒菸的動機與技巧，還有替代菸的藥物，當然家人的支持與獎勵更不可少！

　　各位愛好維根的朋友，除了用愛分享維根的訊息，別忘了也要讓親朋好友用自己的勇氣和智慧作決定，給他們充分的時間與尊重，一如當初他們對我們的態度，那麼就算暫時不能同行，一定也會全力支持，成為我們最好的後盾。如果你還有任何疑問，《打造全蔬食世界》將讓你有全新的視野！

善用蔬食已深植於文化的優勢
推廣植物性飲食

◆ 托比亞斯李納特 Tobias Leenaert

對作家來說，每當看到自己的作品以另一種語言呈現時，都是可喜的經歷，因為這意味著他的思想有機會被傳播得更遠。因此，我很高興這本書能夠出版繁體中文版，並在台灣、香港、澳門、新加坡、馬來西亞等地銷售。

同時，在我看來，東方人閱讀一位西方作家關於影響人們多吃植物、少吃肉的想法，是有些諷刺的。儘管我在蔬食倡導方面擁有數十年的經驗，但從另一個角度來說，西方國家實在沒什麼立場對這一領域中較先進的國家和文化談論蔬食。

有時候，在對西方聽眾的公開演講，我會問一個問題：「誰能說出一個從母親或祖母那裡學到的植物性食譜或菜餚（主菜，而不是小菜）？」通常沒人想出答案。在許多西方國家，我們絕大多數都沒有經歷過植物性飲食的烹飪傳統。然而在世界其他地區，例如中美洲或中東，尤其是東南亞，情況是多麼不同！我在前往幾個亞洲國家的旅行中體驗到，蔬食在當地文化及美食的占比，相較之下高出許多。

　　儘管如此，由於人口增長和人均收入增加，亞洲的肉類消費量正在快速增長。正因為具有植物性飲食的傳統做為堅實後盾，蔬食在亞洲的倡導應相對容易。然而可惜的是，若年輕的下一代建立了「蔬食就是傳統過時」，或是「有信仰的人才會吃素」這樣的印象時，這個印象可能會成為維根倡議者的障礙。但是，當倡議者為了避免負面效益，而試圖將蔬食與傳統，甚至是當地信仰的關聯完全區隔開來，也可能會造成倡議上的阻礙，並在各群體之間產生不必要的衝突或導致負面影響，這同樣也無濟於事。

　　因此，東方的蔬食倡導，似乎需要在傳統文化和嶄新飲食浪潮之間找尋一條微妙的平衡。我認為，東方倡導者們需運用植物性飲食已深植於文化的優勢，同時展現出蔬食已成為時下年輕人、名人、或時尚的生活方式，來進行推廣。

　　簡而言之，時機已成熟。

　　如果您正在閱讀本書，那麼您可能對傳播關於同理心、續航力和健康飲食的訊息有興趣。希望這本書能對您有所幫助，此外，我也非常感謝您為打造全蔬食世界所做的一切！

好事多磨──
經典大作中文版背後的故事

◆ 張家珮
台灣友善動物協會共同創辦人

■ 初識本書

2017 年 7 月，收到由週一無肉日平臺張祐銓大哥轉來的信件，原來是有一位外國的 Vegan 推廣者 Tobias Leenaert 出書了，請我協助評估該書是否對台灣的推廣有幫助。但可能因當時的我從組織角度做整體規劃的經驗還很薄弱，對社會運動的了解還停留在很初期的階段 (簡稱涉世未深)，故未引起太多共鳴；而後也沒聯繫上寄書窗口，這事於是不了了之。

■ 與作者首次相遇

經過幾個月的磨練之後，我有幸參與世界素食年會 (45th IVU World Vegfest) 的籌備。地點恰好在台灣，而 Tobias 也是受邀外賓之一。在整理講者投影片時讀到他的分享內容，相當震驚！因多年以來，我雖接觸過些許國內外推廣者，卻從未見過如此精準的蔬食推廣現況分析，以及高效、充滿智慧又務實可行的各種策略。當時也應 Tobias 共同創辦的組織 ProVeg 提出的需求而幫忙牽線，讓他在來台時與可能承辦台灣 CEVA 國際蔬活系列活動的單位元及推

廣者一敘。非常欣賞及敬佩他們積極規劃，讓講師來台效益極大化的特質，因拯救動物確實刻不容緩！並且聽説 ProVeg 的目標是：「到 2040 年將全球肉類產量減少 50％」！到底怎樣才能做到呢？超想快點認識這位神祕的傳奇人物！

■ **難忘的兩天：令人感到幸福的 CEVA 訓練營** (*)

在精采的年會後，慈心有機農業發展基金會確定肩負台灣 CEVA 活動主辦單位的重責大任。在優秀的總召張綺翎和葉采靈小姐的領導下，我和智輝、聖雅及純素 30(現已立案：台灣友善動物協會) 的志工們，和幾個相關單位參與了協辦，

並在 2018 年 3 月圓滿完成活動。充實美好的課程體驗及交流，讓三百名推廣者滿載而歸，為課程打下極高評價。該場次人數創下全球歷史新高，甚至有香港、上海和日本的朋友們，特地前來台灣參加，也促成了諸多台灣蔬食推廣領導人的齊聚及相識，是台灣推廣史上重要的里程碑。

■ **關鍵角色：原水文化**

CEVA 活動圓滿完成，許多朋友紛紛詢問關於中文版的出版。但本書受眾群小，實難引起一般出版社的興趣。然而幸運的是，我們遇到了最支持蔬食運動書籍出版的原水文化─林小鈴總編輯，她也是 3 月 CEVA 訓練的參與者。當時她與責任編輯

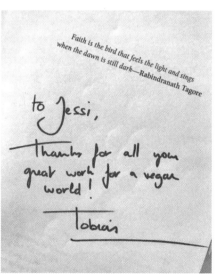

與本書作者 Tobias 合影（上），並取得他的簽名（下）。

Penny 都非完全蔬食者，卻都一致有著「即使明知不可能大賣，但這本書對世界的未來非常重要，我們必須要將它出版！」的慧眼和使命感，實在令我相當感動和佩服！因為有她們，作者的智慧才得以在華人界廣為流傳。呼應了作者在第 5 章提到，非常值得細細思量的概念：我們對於「讓其他人吃什麼」，遠大於「我們自己吃什麼 (或吃得多乾淨)」對減少整體動物受苦所造成的影響。瞬間體會到自身的渺小，也對過去一些不成熟的想法感到羞愧。

■ 滿滿的愛所孕育出的偉大作品

　　意外成為本書譯者，是因深知此經典大作為百年難得一見、且影響深遠、可以大大幫助在各種階段的推廣者。內容相當進階，非圈外譯者可理解，而厲害的圈內資深譯者又很忙，但翻譯品質絕對不能打折扣！最後只好硬著頭皮毛遂自薦，而本書也成為了我此生第一本正式中譯作品。有這個機會能為華人推廣界貢獻點心力，感到非常榮幸！相當感謝原水文化總編輯小鈴的信任，責任編輯 Penny 的耐心與細心，以及 Ruby、Paulina、思蘋、心暖、聖雅、劭純還有 SuSu 等夥伴，以及 Tobias 本人的支援。因不僅是台灣，中國大陸、香港、和新馬的推廣者都相當期待此書，大家在努力的是攸關生命的大事，共同目標都是能早日翻轉人類歷史上長久以來剝削動物的飲食和生活文化，必須盡量忠實地將原書的精神呈現出來。

■ 回顧及期許

　　CEVA 訓練堪稱本人推廣歲月裡最重要的兩天。若非受到兩位具實務經驗的資深講師提點，不知還要浪費多少時間繞圈、撞壁甚至可能沉沒……而後在閱讀和翻譯本書的過程中，又發現其內容更勝於精實的 CEVA 課程，其對各種

情況綿密的分析和各種舉例，可說是字字珠璣、精采絕倫！必將帶給華人推廣界相當大的啟發，包括避免常見迷思、排除內耗及維持良好身心狀態、及如何靈活搭配各種推廣方式，以大幅提高推廣成效。

子曰：「君子求諸己，小人求諸人。」《論語 衛靈公》具有君子品行的人，遇到問題先從自身找原因，檢討自己並加強改進。問題的解答往往不在於外因，而在於我們自身；跨出同溫層的推廣之路又何嘗不是如此？這個過程並不會很舒服，但必須熬過這關，才能看到海闊天空。也許您尚不認同作者的所有觀點，但仍邀請各位抱持著謙遜、開放和虛心學習的心態，讓本書為您開啟有效推廣寶山之門。站在巨人的肩膀上，加速功力提升，讓推廣效果大躍進！

＊ 有關 CEVA Workshop（有效蔬活推廣訓練營）

「有效蔬活推廣訓練營」旨在增強個人推廣者的影響力，提高他們所屬組織的效率，以增強維根蔬食運動的力量。為兩位資深講師 Melanie Joy 博士和 Tobias Leenaert(本書作者) 從社會心理學的角度傳授全方位的推廣心法，完全針對蔬食 / 維根推廣者的需求而量身打造，包括有效溝通、有效推廣策略及如何在長期抗戰下維持續航力等內容。

到達「維根村」的漫漫長路

「不時對於你長久以來認為理所當然的事抱持問號，是有益的。」
　　　　　　　　　　　　　　——伯特蘭羅素（Bertrand Russell）

　　終止人類對動物的殺戮和折磨，可能是某一群人所遇過最大的挑戰之一。如果你正在閱讀此書，那你或許就是這群人之中的一份子。你可能是奶蛋素食者、純植物性飲食者、減少肉食者，或單純只是個認同者或盟友。你的動機可能是因為關心動物，或者你是動物權利或蔬食團體的員工或志工，你也可能只是想得到更多幫助動物的訊息。我希望不管你是誰，不管你做什麼，如果你想幫助創造一個對動物更好的世界，你都能從本書中獲得全新的視野。

　　《打造全蔬食世界》這本書，展現了務實的策略，指導我們根據現今社會上對於動物，特別是畜養動物的態度及行為，朝轉捩點邁進。以下是你將在本書中讀到的大綱。

　　如我所寫的，我們所有的人都是依賴動物的。全球有愈來愈多人食用以肉食為主的餐點，有時一天三餐都吃。我稱這些人為「肉品

利益關係人（steakholders＊）」。為了改變這種情況，我們不能只是或過度依賴透過訴諸於道德的論點來說服他們；我們所需要的是利用各種能夠為我們所用的方法。傳統來說，動物權利運動（animal rights movement, AR movement；或稱動物解放運動）曾試著去改變人們的態度，促使他們改變自己的行為。這個我在本書中所描述的另類方法，就是要求推廣者把焦點放在**如何讓行為轉變更為容易，如此一來就不需要那麼多動機。**

　　我建議我們應該如以下所述地務實：

★與其只用「Go Vegan！」或「吃素吧！」這樣的訊息，我們也同時運用大量資源去鼓勵大眾降低動物性產品的消耗。比起只有一小群人成為純植物性飲食者，**當有多數人減少動物性產品的食用，將能讓我們更快速地達到轉捩點。**

★我們允許人們因任何原因而改變，而不是只用道德因素來勸說他們不要吃動物。**人們態度的改變通常發生在行為改變之後，而非之前。**

★我們**培養一個讓改變更容易發生的環境，**主要方法是讓動物產品之外的選擇更好、更便宜，甚至更容易取得。

★我們發展出**更為輕鬆的維根主義概念。**

譯註：steakholders，為作者自創詞，由「牛排」的英文 steak 和「利益關係人」stakeholder 後半段的 holder 兩字結合而來。

慢想（Slow opinion）

我們通常急於對各種議題下評斷。網際網路和社群媒體的興盛，使得人們能夠在幾秒鐘之內就發表一則評論或嘲諷，形成了「速成留言（fast opinion）」。我是「慢想（slow opinion）」的狂熱擁護者。如果你是個「慢想者」，你能覺知到生命、人和現代社會的複雜性，你會拒絕在通盤思考整件事情並完全了解相關資訊之前，就給出意見。

慢想者不認為在一個爭論或議題中，另一方的意見絕對是錯的。他們不會很快地說「是」或「不是」。慢想者會問問題，會告訴當下不認同自己立場的人，他們會花一些時間去思考「對手」提出的議題，之後再回頭討論。慢想也是一種同理心，去設身處地為別人想，同理對方的感受。關於他人，慢想者會問自己：**什麼對他們而言是重要的？他們的立場是什麼？他們是否有很好的理由這麼說、這麼寫或這麼做？**慢想最大的優點就是它能降低對於其他人的批判和全面譴責（包括那些我們通常討厭的人，例如政治家或名流以及他們的意見）。

動物權利運動和維根運動能從慢想和深度思考獲益良多。我們能減少批判，對與我們站在同一邊以及那些與我們對立的人皆如此。慢想有助於讓我們的策略更完善，對人們產生正面的影響。對於許多動物權倡導者和純植物飲食者，我在本書提出的方法將打破規則，且與慣用的途徑大相逕庭。但我相信每件事，包括我們最衷心的信念，都應該要不時地詳細檢視，以確保我們是在正確的軌道上，且持續地精進我們的戰術和策略。即使你不見得同意所讀到的一切，我仍建議你開放心胸，當一個慢想者。

找出有效的方法

慢想能讓我們更慎重且更具策略，但我不希望對細微差異和不確定的開放態度，阻礙我們持續前行。這也是為什麼我們需要很努力地去找出有效的方法。有時候我們可能需要去測試那些沒把握的方法，看看它們是否能讓我們與目標更接近。

在史蒂芬史匹柏的電影〈林肯（Lincoln）〉中，同名的主人公和眾議員泰迪爾斯史帝文斯（Thaddeus Stevens）討論如何通過廢止奴隸的修正案。史帝文斯提到我們的「內在羅盤（inner compass）」以及它是如何運作，告訴我們該往哪走以及什麼是對的。他也補充說，但許多人的羅盤是關閉著的，這點很令人遺憾。這是林肯的回應：

> 當我用羅盤進行勘測時，我學到了……它會指出你站立之處的真北方，但它不會告訴你在那條路上你會遇到沼澤或沙漠或峽谷。如果在你追尋目標的路上，你埋頭猛衝，不留意障礙，最後掉進了沼澤，什麼都沒得到…… 那麼知道真北方又有何用？（Tuttle）

林肯（至少在這部影片中）是詭計多端且精明的，雖然他的警告與深思熟慮激怒了那些認為只有直接的行動才能展現純粹的動機與道德規則的人們。林肯知道唯有**那些能幫助我們盡快達到目標的，才是有效的策略或戰術；它們可能不一定是最直接、最單純，或者，最明顯的**。

當談及策略時，我們之中有很多人往往會犯下兩種**錯誤**：

1. 相信要達到目標，一定**只有一個正確方法**。

   人和社群顯然差異太大且太複雜，所以這點並不正確。

2. 與第一點相反：認為**所有的策略都是有效且必要的**。

   有些策略就是相對有效，而我們要將有限的資源投資在最佳或最有希望成功的部分。我們不該滿足於正確但是低價值的說法，如「不同的方法能對不同的人產生效果」。如果我們花了可能可以說服一千個人的時間去說服一個人，那麼我們就是在浪費力氣，除非那個人在社會上有巨大的影響力。此外，有可能某些策略本身弊大於利。如果某個策略吸引了一百個人，卻讓其他一千個人與我們疏離，那它或許就不是有效的。

   如果我們想知道哪些策略、戰術或者活動是比較成功的，不能只依賴自己個人的經驗、感受或直覺，它們有其重要性，但我們需要透過已驗證的研究資料來支持它們，我們對於何種因素能驅動或影響人們的假設通常是錯的，而我們也往往帶有偏見。

   總的來說，我們需要通盤思考。我們應該進行研究並收集資料和證據，即使不能期望能從中獲得**所有**問題的明確結果或答案，我們應該透過多種類型的研究來考慮諸多不同的因素、變數以及未知數。有些研究者，無論是來自組織或學術機構，會量測人們對陳述和影像的反應、他們的心理傾向以及動機、他們在網路上的點擊以及其他的行為；有些可能會去研究其他社會運動的歷史，以做為借鏡；我們也可以利用從研究其他議題得到的結果，像是心理學或社會科學，或甚至行銷、創新和其他的學說。我們透過這些方法所收集到的見解，有助於改善我們的努力，以創造想要的改變。

   對於本書，我盡所能地憑藉上面所提到的研究成果，並將它們拿

來作為我的參考依據，我呈現的內容多數都有各種程度的證據支持，剩餘偏向推測的部分，或許將來會有研究能夠證實。這本書的部分功能，是提出問題來刺激你的思考，以及期望能鼓勵更多的研究。

有效利他理念（Effective Altruism）

有效利他理念（Effective altruism, EA）是一種哲學和運動，他們的擁護者會利用科學研究和證據以降低痛苦並增進快樂。在把動物受到殘酷對待的問題導引入主流議題中，有效利他理念運動扮演了主要的角色，也在過去幾年的動物解放運動中帶來顯著的影響。有效利他理念的概念和想法幫助動物權利運動能更聚焦在有效性，透過強調當我們在做選擇及評估我們的影響力時，應該列入考慮的不同準則。這些準則包含了受苦的程度及強度，已經投注在某個問題的資源（換言之，它是否被忽略了？），以及針對那個問題是否有又好又明確的解決之道。

動物倡導領域中有個有效利他理念的組織——動物慈善團體評估協會（Animal Charity Evaluators），他們尋求發掘改善動物生命的有效方法並且進行倡導。而讓動物權倡導更有實證基礎且更結果導向的，是尼克庫尼（Nick Cooney）的著作〔包括《維根經濟學（Veganomics）》、《改變心意（Change of Heart）》、《如何成為做好事的高手（How to Be Great at Doing Good）》〕，以及動保影響力研究會（Faunalytics）這個組織。詳情請見附錄和參考書目。

邁向維根村（Veganville）之路

在本書中，我使用了譬喻的方式來描繪出我的論點以及闡明不同的概念，讓大家更容易記住這些策略。

維根村是一個想像中位於山頂上的城鎮。閱讀這本書的你們，多數都已經住在那兒了。但是，如果你已經住在那兒了，你的（和我的）目標是盡可能地讓更多人跟我們一起住在那邊，而且愈快愈好。就像所有的隱喻，這並不完美——理由之一是我們這個村會極度擁擠——但它仍能幫助我們的理解。以下是各個章節的內容簡述。

★ 第1章，**了解我們的方位**：檢視了我們要前往何處，以及此刻我們身在哪裡。透過對現今情勢的快速瀏覽，我的結論是：我們所要推行的運動需要採取高度的務實主義。在接下來的章節，我將會解釋要如何才能務實。

★ 第2章，**行動呼籲**：檢視了應該如何要求人們開始行動的理想方法。可能我們會認為最顯而易見的方法是告訴他們：「來找我們吧。現在就來！」但，依照林肯的邏輯，也許到達維根村還有不同的路徑，比如我們可以建議人們採取階段性的行動；或者歡迎他們來此做個「一日遊」。

★ 第3章，**論點**：能用或應該用哪個理由，來鼓勵其他人加入我們。人們需要經過數日在山坡的健行才能到達維根村。我們知道一切的努力都很值得，但他們不知道——至少目前還不知。要如何才能以最好的方式引發他們的動機？

★第 4 章，**環境**：談到的是關於旅行者外在的一切。我們需要改善路上的環境，並確認一路上有小屋、休憩點以及幫手，可在他們需要時提供協助。

★第 5 章，**支持**：是關於我們自己從山上走下來，鼓勵人們開始並持續地往上爬，也就是我們每一天與他們的互動和溝通。在這個章節中，我也針對我們該如何定義維根主義做了較詳細的說明。

★第 6 章，**續航力**：是關於一旦我們的旅行者到達之後，如何讓他們留下來，而且那些幫助其他人爬山的夥伴也不會累垮。

在下頁「邁向維根村（Veganville）之路」（圖 1）中，圖內的數字代表著本書的章節。

用語及定義

雖然動物們遭受折磨或被殺死的原因不只是因為我們的飲食習慣，但我主要還是把焦點放在減少動物性食品的食用及製造上。畜牧業是影響最深遠、最主要的動物剝削形式，大約占了所有被人類殺死的動物的百分之九十九，死於食品業的動物數量，遠多於科學研究、狩獵或服飾及娛樂產業的總和。

當我談及肉時，通常是指肉以及其他動物性產品，包括魚、奶和蛋。**減肉者**（meat reducers）代表所有**減少動物性食品者**（reducers of animal products），當我寫到**純植物飲食者**（Vegan），我也指**奶蛋蔬食者**（Vegetarian）；當兩者之間有很顯著的差異時，我則會寫**奶蛋蔬食者和純植物性飲食者**。

在**維根運動**及**動物權利**運動（the vegan movement or the animal rights movement）中，我描述了多樣化且不斷變化著的一群人，他們希望將動物的殺戮、痛苦和不公義降到最低（我們將會在之後的章節討論精確的目標），即使他們最終的目標可能會有些微不同，比較大的差異是如何到達那兒。我不想將那些特別或主要是因為關心健康因素的人排除在純植物飲食者的標籤之外。事實上，我不認為那是個好策略。在本書中，當我談及**維根運動**（vegan movement）時，我是指那些具有「利用動物來做為食物、衣著和其他目的是不道德的」信念的人。我自己也是其中的一份子；但有些時候例外，你在後面將會讀到。

我舉的例子主要來自歐洲和北美的運動。大多能取得的研究都是在這些地區進行的，尤其是美國。有些時候，事實和資料能夠類推到其他地區；有時則無法或不應該這樣推斷。（在北美和歐洲，動物產品的食用量逐漸在減少；然而在發展中國家，通常是快速成長的。）

最後，為了簡明扼要，與其使用**非人類動物**（non-human animal），我直接使用了**動物**（animal）這個詞。

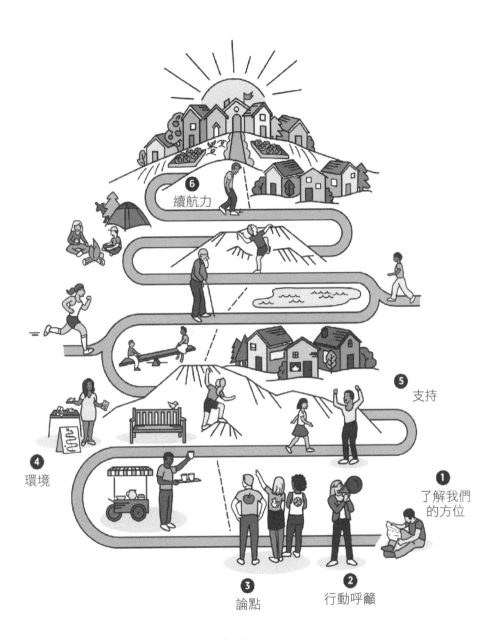

圖 1：邁向維根村（Veganville）之路

〔特別說明〕

「Vegan」與「純素」

◆張家珮（台灣友善動物協會／本書譯者）

■ 有關「Vegan」一詞

「Vegan」一詞在華語區，因各區域之使用習慣差異，目前並沒有統一的中文翻譯。直接音譯為維根（Veganism：維根主義），代表著一種理念，一種生活方式，志在盡可能排除對動物的剝削與虐待。包括：

1. 不食用及不使用動物性產品：包含肉類、魚類、奶製品（如牛奶、起司）、蛋、鵝肝醬；皮草、皮革、羊毛、羽絨。

2. 不使用會造成動物痛苦的產品：如蜂蜜、燕窩、蠶絲、珍珠或經動物實驗之商品。

3. 不購買動物或參與傷害動物的消費行為：如不購買純種狗（或其他動物）、不去參觀海生館、動物園、馬戲團、騎乘動物，或其他形式的動物展演。

■ 各種現行中文翻譯

「Vegan」可作為名詞或形容詞，意指採取上述方式的個人，或是描述相對應的行為。因地域及民眾使用的語言習慣差異，較常見的中文翻譯有如「純素主義」、「純素餐廳」、「純素者」等詞，但「Vegan」一詞，與目前部分大眾所認知的「純素」仍有出入。此處茲以台灣為例，說明如下：

■「Vegan」與「素食」在飲食上的差異

在寶島台灣，由於諸多民間宗教信仰推廣素食，讓許多台灣民眾從相當早期就接觸到植物性飲食，於啟發民眾尊重其他生命，亦具有潛移默化的效果。探討到飲食方面，「素食」在亞洲的淵源主要是來自於宗教信仰，通常代表不吃肉，也不食用五辛（常見如：蔥、蒜、韭菜）。唯 Vegan 飲食並未特別排除此類植物的食用，而強調除了肉品以外，也不使用如奶蛋等會造成動物痛苦的產品。

■ 追求和平世界的推廣接力賽

在現代化的浪潮後，世界上興起許多新產品與產業，很遺憾地也包含了會造成動物受苦的產品與產業 (如工業化蛋雞廠、海生館等)，是具有悠久歷史淵源的宗教信仰在初期發展時，所始料未及的。基於這些由人類帶給動物的各種痛苦與不公義，近代世界各國興起了 Vegan 理念與動物權運動，提倡在生活上各種層面皆盡可能不使用來自於剝削動物的產品或服務。兩者雖因時代背景等因素，而有不盡相同之處，但 Vegan 的「零殘忍」核心理念與來自宗教信仰的「素食」或「純素」理念，同樣皆源於不忍見動物受苦的愛心，以及對和平世界的嚮往與追求。

基於以上種種考量，譯者未將「Vegan」翻譯為「純素」，而是斟酌在不同情況的描述下，採用貼近原意的「純植物飲食」、「純植物飲食者」、「全蔬食者」、「純植物生活者」、「維根主義者」等詞。以期讓讀者能順利閱讀的同時，也能將「Vegan」這個新的理念介紹給更多華語區域的讀者。邀請大家一同攜手努力，打造全蔬食 Vegan 世界！

01
了解我們的方位
我們將前往何方？現在又在何處？

「如果方向錯誤，就算速度再快也沒有意義。」

——聖雄甘地（Mohandas K. Gandhi）

　　如果我們希望所有人都搬到維根村（Veganville），需要先知道我們目前的處境。有多少人住在山腳下？他們的想法和感覺為何？開始這趟旅程對他們來說是容易的嗎？路上的狀況如何？以維根運動（vegan movement）的語言來翻譯，這些問題牽涉到大眾對我們目標的支持、人們對於動物的想法、替代食物／餐廳選項的多寡、轉變飲食習慣的障礙以及如何激勵蔬食者。

　　在檢視目前的狀況之前，讓我們先簡單地測試一下我們對於最終目標的同意程度有多少，因為答案可能不像表面看來的那麼顯而易見。

維根運動的目標

在多數狀況下，推廣維根運動的人希望能盡可能地幫助愈多動物。在這裡，「幫助」的意思是什麼？以下是三個提出該議題的方法。「幫助」可能意味著：

1. 盡可能降低愈多動物所承受的痛苦
2. 盡可能減少對動物的殺戮
3. 盡可能降低對動物的不公義

我假設這本書的大部分讀者都同意第一點和第二點。我注意到很多人認為如果動物是在無痛苦的狀態之下被殺死，且該動物已度過「美好的一生」（無論指的是什麼），那麼這件事就是可以被接受的，但我心目中希望本書的讀者是認為宰殺動物以作為食物、衣著或娛樂很令人反感，並希望廢止這些事的人。

清單中的第三點就更複雜了。一些我們對動物採取的行為或與動物的關係，可能被認為是物種歧視（註 1）或違反動物的權利，但這些事可能並不一定有害。舉例來說，像是騎馬、在後院養雞生蛋，或甚至是飼養同伴動物，如狗和貓。以我個人來說，我反對幾乎所有利用動物的行為，主要是因為我想要保護他們不受痛苦及／或被殺害。動物們可能並不完全自由，但這並不表示他們一定正在受到傷害（並非所有的「利用」都是「濫用」），相反的，在大自然中自由生活的動物，有時可能處於極大的痛苦中（請見下頁的專欄）。

引發探討動物權倡導運動終極目標的長篇大論式哲學討論已經超出這本書欲探討的範圍，也超越了上述三個目標。我假設純植物生活

者和動物權倡導者對這些目標有很大程度的認同,並希望能更拉近目標的實現。

因此,維根世界(Vegan world),是一個動物在此不會受苦或被人類恣意殺害的世界;在這兒,幾乎所有利用動物的行為都會被廢止,雖然人類和動物之間仍可能存在一些互利的關係。就這個定義來看,維根世界本身並不是目標,如同維根主義本身並不是終點,而是達到願景的媒介。

野生動物的痛苦

野生動物經歷飢餓、掠食、疾病、寄生蟲,以及不利的氣候狀況,無關乎人類是否採取行動。這個事實有效地描繪出兩者間的不同:一方面聚焦在痛苦(及殺戮),另一方面聚焦在正義、公平、自主及其他價值。即使我們聚焦在廢除對動物的不公義,但所有這些自然界的事實仍然存在。

無論這些痛苦的**原因**是否由人類所造成,對於經歷這些痛苦的動物而言,是沒有差別的。這對許多人來說是難以理解的事實。對一隻兔子來說,她是因為某些可怕的疾病而受苦,或者是因為被人類所設下的陷阱捕獲而受苦,兩者並沒有不同。疾病或許會導致更大的痛苦,但只有設陷阱的人類,而不是大自然或掠食者,才會因犯下道德上的缺陷而感到罪惡。這個例子的重點是,把**痛苦的發生與否**視為關注的重點,可能會導致我們去嘗試干涉自然(假設可能發生且有效)。我們所重視的價值,會在我們的行動和倡導過程中造成差異。

雙重要求

如果檢視一下身在維根運動中的我們對非植物性飲食者的要求，將注意到我們渴求著兩件不同的事。

★首先，我們希望他人**改變行為**：停止消費動物性產品。

★其次，我們也希望他們**改變態度**：停止消費動物性食品，是**因為他們關心動物**。

換言之，我們不只是要人們做對的事；我們想要他們**基於正確的理由而去做正確的事**。

更進一步澄清：想像一個沒人會吃動物產品的世界，因為它們已經被視為不被需要的資源，人們有更多、更便宜、更健康的其他食物選擇。我十分確定多數維根主義推廣者，就像我自己，可能對這個「意外蔬食」的世界並不完全感到舒服。我們希望人們轉換蔬食的動機是道德因素，不只是因為這樣的態度顯然才是能維持永久改變的基礎，也因為具有道德感這件事本身就彌足珍貴。我們想要一個「刻意蔬食」的世界，人們對於動物擁有既有權利以及不被當成工具的權利，抱持著合乎道德的價值觀和態度。在這裡，人們真正摒棄了強烈促使人們吃肉的習慣及傳統，有意識地去選擇他們的食物。

下頁的圖（圖 2）顯示了多數推廣者心中想要的：人們因為喜歡動物而採取純植物性飲食。其他的所有選擇——甚至因為其他原因而採取純植物飲食——對我們而言都不是那麼理想（因而出現臭臉）。

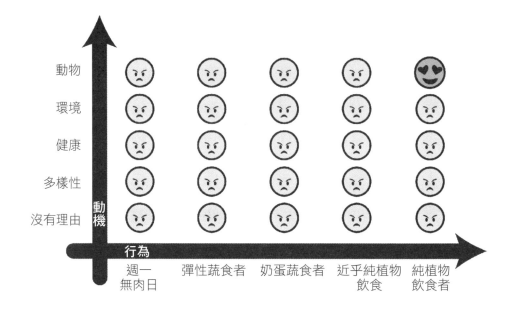

圖 2：行為與動機

　　行為和態度兩者都很重要。然而，如同在接下來的章節會說明的，我們不需要要求人們同時具備正確的行為和態度，也不需要在所有的訊息中都包含這雙重要求。

　　現在我們對接下來的方向有些概念了，讓我們先來看一下現今的情況。

太多「肉品利益關係人」（Steakholders）

　　人們消費多不勝數的動物性產品，是因為背後有巨大的、在經濟上扮演舉足輕重角色的產業在支持，並使這件事得以持續。為了了解

打
造
全
蔬
食
世
界

動物性產品光是在食物這個領域所產生的經濟價值，我們必須考量到主要的生產者（靠養豬、牛、雞和其他動物來賺錢的人）；種植植物給動物吃的人；生產畜牧設備的公司；銷售抗生素和其他藥物給養殖業的藥品業者；獸醫和食品檢驗員；屠宰場；運輸業；超級市場；以及餐廳和宴會承辦者等。

已故的諾姆菲爾普斯（Norm Phelps）在他的書《改變遊戲規則（*Changing the Game*）》中，經過大量的數字運算，並結合了農業、農產加工以及零售的銷售數字，發現光是在美國，就到達年營業額 2 兆 7400 億美金。相較於此，汽車業的年營業額「只有」7340 億美元，包括生產、銷售和服務（詳見該書第 45 頁）。我們可以再加上廚師、食譜作家、烹飪比賽、烹飪教學，以及許多其他至少有部分營業額是仰賴動物產品的領域或次領域。而我們甚至尚未含括被使用於服飾、娛樂或實驗室裡的動物呢！

這個概述清楚地指出我們的社會有多麼依賴利用動物。幾乎可以說整個地球甚或全體人類，是依靠動物才得以發展運作的。就我所知，並沒有人做關於依賴程度的研究，它似乎會阻礙我們對奴隸、女性或孩童等免費勞力的剝削。這種依賴根深蒂固，且需要被阻截，然而要去改變一件你很依賴，或你認為你很依賴的事，並不容易。事實上可以這麼說，在此時此刻，對動物的利用（及濫用）可能是在我們文化和經濟中牢不可破的一部分，無法被摒棄，即使全世界都同意目前的情況是有問題的。

這個系統性的現實或許能妥善解釋，為什麼對多數人來說，接受要改變對動物的利用行為有其必要，然而要將這個認知付諸實行卻又

如此困難。更進一步的原因，可參閱梅樂妮喬伊（Melanie Joy）的「三大合理化理由」。（Joy 2010; Piazza et al. 2015）（《盲目的肉食主義：我們愛狗卻吃豬、穿牛皮？》p. 112）：

★ **吃動物是正常的**（Normal）。動物食品幾乎出現在所有的菜單、所有的超級市場、和電視上的烹飪節目，以及日常生活的諸多領域。

★ **吃動物是合乎自然的**（Natural）。我們吃肉及利用動物已有數萬年了，就像許多動物會殺害並吃下其他動物一樣，對多數人而言，智人（Homo sapiens）殺害並吃其他的物種，似乎是自然的事。

★ **吃動物是必要的**（Necessary）。儘管許多人可能會認為飼養並殺死動物做為食物是很令人傷心的，但他們還是深信人們需要吃肉，或至少吃某些動物性食品，才能存活。對健康的考量，是讓人們不願或不繼續吃素或採用純植物飲食的主要因素之一，但同樣的，健康也是許多人減少攝取動物性食品的一大動機。（Faunalytics 2012; Cooney 2014, p. 81; Piazza et al. 2015）

第四個要考慮的合理化理由，是很多人覺得**動物食品很棒**（Nice），或很好吃。除了健康考量，口味是人們不願意吃素的另一個主要原因（Faunalytics 2012; Cooney 2014, p. 82; Mullee et al. 2017）。他們不想錯過多汁的牛排，而且認為其他的選擇——截至目前他們所嘗試過的——都令人不甚滿意。如果動物性食品是自然、正常、必要且美味的，那麼要捨棄動物性產品，而且完完全全放棄它們，似乎就是不自然、不正常、不必要且不吸引人的。

從眾心理

1950 年代，美國的心理學家所羅門阿希（Solomon E. Asch）在賓州的史沃斯摩爾大學（Swarthmore College）招募了一群志願者，進行一項著名的實驗（Asch 1951, 1956）。阿希告知研究對象，他是要研究理解力，但事實上，他正進行一個有關於從眾和社會壓力的研究。

圖卡 1　　　　　　　　　　　　　　　　圖卡 2

圖 3：所羅門阿希的從眾實驗

阿希向參與者展示了一組圖片，如圖 3。接著問他們，圖卡 2 當中三條色塊中的哪一條，長度跟圖卡 1 那條一樣（這不是視錯覺測試，正確的答案明顯是 A）。參與者必須一個接一個，在群組中大聲回答。然而，除了其中一位參與者之外，其他都是安排好的共謀者，阿希要這些人提供一樣的錯誤答案。唯一那位真正的、不疑有他的參與者得跟在所有人之後回答。

令他驚訝的是，阿希發現在這樣的情境中，**超過三分之一（百分之三十七）的應答者提供了錯誤的答案**，而在控制組中，卻只有百分之一。當被要求說明原因時，有些人說他們以為那個群體的答案是正確的；另外的應答者則是害怕與他人不同，或者是不想造成麻煩。阿希為此下結論說：「我們社會中的從眾傾向是如此強烈，導致聰明且充滿善意的年輕人寧可顛倒是非，把白說成黑。」（Asch 1955, p. 5）

　　把這些發現轉換到我們的領域並不難。研究顯示，**有百分之六十三的前素食者和純植物飲食者，不喜歡因自己的飲食讓他們與眾不同**（Asher et al. 2014）。除了從眾的需求之外，很顯然的當大部分的人所想的跟你不同，對任何人來說都很難完全相信自己與他人相異的想法。當人們持續地看到吃動物性食品被認為是正常的時候，對他們來說，即便是要承認自己對這些體驗其實感到隱約不適，都是有難度的；而要去相信有某件錯事正在發生，更是難上加難。即使你已經是一個蔬食或純蔬食者，且你已經將「吃動物性食品是有問題的」這件事內化成原則，你還是可能出現懷疑的時刻，會去思考你對事情的判斷是否真的正確。生於南非的作家暨諾貝爾獎得主柯慈（J. M. Coetzee）將以下的想法置入他的蔬食角色伊莉莎白考斯特羅（Elizabeth Costello）身上：

　　　　我不再知道我身在何處。我看起來能夠完美輕易地在人群中四處遊走，與他們有著完美的正常關係。我問我自己，是不是有可能，他們所有人都是麻木不仁的犯罪參與者？這些都是我的幻想嗎？我一定是瘋了！然而我每天都會看到證據。我所懷疑的那些人製造了證據，展示它，還端給我吃。屍體。那些他們用錢買的屍體殘骸……我並不是在作夢。我看著你

的眼睛⋯⋯我只看到仁慈，人類的仁慈。平靜下來，我告訴我自己，你只是在小題大作。這就是人生。每個人都慢慢接受了這件事，為何你不行？為何你不行？——**柯慈**（Coetzee）

因為只有非常小部分的人認為吃肉是個問題或異常的行為，多數人不會有意識地停下來思考，將吃肉這件事視為一個道德議題，更別提據此而行動。心理學家史蒂芬平克（Steven Pinker）認為這是社會心理學的主要結論之一：「人們從他人身上尋求該如何表現行為的線索。」（p. 674）對於多數人為何吃肉這個問題，我們可以提供的答案之一如下：

> **大多數的人吃肉**
> **是因為**
> **大多數的人吃肉**

即使有人得到結論說吃動物是錯的，要把理解轉變成行動卻不容易。人們害怕太過突出，或不方便，或營養不良，或再也沒有美味的東西可吃——這只是其中一部分的恐懼和考量。總的來說，**絕大多數的人並沒有想要禁絕肉類，更別提其他動物食品**（Faunalytics 2007, Ivox），而且即使他們曾經考慮過，許多人還是認為它很難達成。如麥特波爾（Matt Ball）所寫的：「沒有人坐著想：『哇，我真的很想放棄

掉所有我最愛的食物，還有變得跟我的朋友和家人們都不一樣！』」（2014, p. 112）採取純植物維根生活仍然意味著一段艱困的上坡之路——這也就是為什麼我們隱喻中的維根村（Veganville）會座落在山頂上的原因。

那些對此抱持不同意見，並認為轉換純植物飲食很容易的純植物飲食者，很可能只是從他們自己的觀點在看事情。我們之後會討論如何站在別人的立場想事情。現在，如果你不相信採取純植物飲食對很多人來說很困難，請看看以下由動保影響力研究會（Faunalytics）所做的研究結果。研究顯示，連要**維持**吃都是困難的：**有百分之八十四的奶蛋素或純植物飲食者，在某個時間點放棄了他們的飲食法**（Asher et al. 2014）。我會在第 6 章回頭討論這個問題。

我們的運動與其目標是相當特殊的

策略性的運動份子「了解運動的獨特性，而且很敏感」，梅樂妮喬伊在《動物議題的戰略行動（*Strategic Action for Animals*）》書中寫道。純植物生活倡導者的中心考量是要記得，我們的掙扎與困難點與過去其他運動相比，是非常不同的。維根主義者們喜歡將我們的運動跟過去和現在的人權運動相提並論：例如廢奴運動、女權解放運動、對抗種族主義，以及同志權等。當然，它們有其相似性，而動物解放也能夠被認為是如同這些運動般的社會正義運動，我們試圖提升被壓迫者的地位，讓他們的利益可以在法律保護之下，獲得平等的考量（Nibert）。

此外，類似情況也發生在意識型態的信念系統，例如種族主義、

性別歧視。這些意識形態一方面將對「非我族類（out-groups）」的偏見合理化，另一方面也將人類對待以及思考動物的偏見正當化（Regan, Singer 1995, Spiegel; Joy 2010）。那些認為人和動物之間有極大不同的人（Costello and Hodson 2010, 2014）或傾向贊同物種歧視態度的人（Dhont et al.），同時顯示出較多對外來移民和自己以外種族的偏見。我們對於人類群體間關係的理解，有助於我們理解人類和動物之間的關係。（Dhont and Hodson 2015）

雖然與其他運動做對比，能提供讓人們以不同方式看待或思考動物，但我們不該忽視其中的區別，或自動假設我們能將其他運動的經驗移植過來。接下來，我將簡要介紹動物權運動的獨特挑戰。

● 動物不是人類

不管**我們**是否認為非人類動物和人類兩者間存在差異，多數的人類同胞都認為是有的。反物種主義者的論點通常是簡潔、有力且明智的，然而多數人還是不買帳。其他所有的運動——除了一些對於環保主義的觀點，在任何事件中都是以人為中心的，也就說它們都跟人有關。婦女、有色人種，或非異性戀者一直以來或有時仍被排除在主流族群之外，這是不可抹滅的事實，而這些被排擠的族群在歷史上的某些時期或地方，甚至不被當成人看待。然而，不同類型的人們之間的相似性，仍比人類和動物之間的相似性來得容易被看見。動物可能在先天上就是非我族類，是永遠的「他們」。

儘管人類的群體之間，以及在人類和動物之間的權力動態（power dynamics）有其相似性，但多數人不認為這個連結是相關的（Costello and Hodson 2014）。有些研究顯示，以人類來比擬動物，並無法改變人對動物的態度（Costello and Hodson 2010）。擁有傳統文化價值觀的人尤其可能會將維根主義視為對他們的社會狀態和主流文化規範的一項威脅。動物權運動可能實際上會成為一種激烈的反作用力，助長更多物種歧視和肉類消費，阻礙維根運動的成功壯大（Dhont and Hodson 2014, 2015）。

● 一場受害者無法參與的抗爭

「我們正試圖成為歷史上第一個，沒有組織化及具意識的受害者參與其中，而成功達到目標的社會正義運動。」諾姆菲爾斯寫道（p. 25）。為動物爭取權益的人類數量還是很少：超過百分之九十五的人甚至不認同少數人的視角，更別說實踐了。還需要更多的支持才能改變這個系統，而這些支持並不會是來自於動物，他們不會像喬治歐威爾（George Orwell）的《動物農莊（*Animal Farm*）》中，或像動畫電影〈落跑雞（Chicken Run）〉中的動物一樣揭竿起義。

更明確地說，在各種運動中，都有主流族群在為受壓迫者奮鬥，或與受壓迫者站在同一陣線——有時處於領導角色，有時則是支持者。但至少，為數不少的受壓迫者也會共同參與抗爭。更糟糕的是，我們為他人發聲這件事本身就是個挑戰。梅樂妮喬伊寫道：「直接受害者有更多的道德權威引起人們對自身受到痛苦的關注；他們通常被允許，甚至被期望直接坦率地表達出憤怒與不滿。另一方面，當受害者的擁護者代表受害者發聲時，會顯得像在說教一樣。」（2008, p. 45）

● 改變人類從古早以來之積習

要改變我們對食物的態度，乃眾所周知的困難。多數讀者應知道不吃或避免吃太多那些對我們身體不好的食物，這件事有多困難。（那第三和第四個純素甜甜圈看起來仍然很好吃！）要減少人們對肉類的攝取可能會更困難。新聞記者瑪塔澤拉斯卡（Marta Zaraska）在她的著作《沉迷肉林（Meathooked）》中，去探討為何有這麼多人沉迷於吃肉，她提出關於肉類在我們進化過程中可能扮演的角色，以及分享肉類是如何幫助建立社群等觀點。不管我們喜歡與否，數千年來肉類對我們來說都是特別的，此外它也能為我們帶來寶貴的蛋白質。澤拉斯卡也試圖尋找肉類成分中會如此吸引人們，以及會讓人上癮的成分。（答案是：脂肪、香味以及鮮味）她解釋道我們喜歡吃的東西，其源頭可能來自我們還在子宮的時期，就對母親所吃的東西發展出喜好，之後更透過攝取母乳而持續發展。

多數人都知道他們的飲食會影響自己的健康、其他人、動物以及我們居住的星球。但在成長的過程中，因慣性地吃動物性食品，也喜愛它的味道和方便性，大家鮮少去思考其後果和／或將無動物成分的食物視為替代選項。植物性飲食似乎總被認為在味道、種類和可取得性等方面都很不足。我所擔任共同創始人，支持蔬食運動的組織普羅維植國際植物性飲食協會（ProVeg International，請見 P. 160 的專欄「影響意見領袖」），稱這種氛圍為「蔬食偏見（veg prejudice）」，蔬食偏見讓許多人無法將他們的知識轉變成行動。

肉也具有象徵性的價值。在《為什麼狗是寵物？豬是食物？（Some We Love, Some We Hate, Some We Eat）》書中，心理學兼人類─動物

關係學教授哈爾賀佐格（Hal Herzog）引用了一家烤肉店老闆的話：「我們腦中有根深蒂固的觀念，認為坐下來並享用一塊上等的肉是成功的象徵。這會讓你感覺十分良好。」（p. 180）。不管這個人所說的是否有科學根據，他的觀點可能很接近許多人在某種程度上對於吃肉的感覺，尤其是男人。如同很多作者指出的，吃肉象徵男子氣概，不吃肉會被認為不像男子漢（Zaraska, Fiddes, Adams），這就是肉類在我們文化中扮演的角色，以及它在我們的社交集會中的地位。某種程度來說，動物性產品產業的任務很簡單：他們用我們多數人想聽到的——動物性食物是令人渴望的、正常的、健康的以及美味的，來告訴我們、供應我們、誘惑我們。

我曾是肉食上癮者

　　記得我開始思考我應該停止吃肉，是在八或十歲時，因為我喜愛動物。我看著我的狗懶洋洋地躺在壁爐旁，而一隻注定要被屠宰的牛在屋外的雨中吃著草。我開始思考，為何我寵愛這隻動物，卻吃另一隻？我無法找到道德上的相關論點來解釋我為何差別對待這兩個物種，並得到一個比較合邏輯的結論：「我應該停止吃肉」。但我還是沒有改變。我喜歡肉的口味，而且不吃肉會很不方便。我那注重健康的媽媽帶我去蔬食餐廳，她三不五時也會煮蔬食餐，但我對這些嘗試還是有許多的抗拒。當外出用餐時，法式牛排佐白蘭地奶油醬汁永遠是我的首選。

　　每當有吃素的人來到我面前（我那時不認識任何純植物飲食者），我所有的防衛機制馬上被觸發。我不想知道、我不想改變，然而我並無法否認，自己對動物所做的行為，與我希望動物被對待

打造全蔬食世界

的方式背道而馳。在大學時期，我讀了彼得辛格的《動物解放》一書並且變得更矛盾了。一位非素食友人知道了我對於吃肉的不安後跟我打賭：如果我一個月不吃肉或魚，他就給我 25 美金──反之，我得付他那筆錢。我不太費力地就贏得那個賭局。此後，我仍然沒有完全變成奶蛋素食者：我決定不再吃肉，被混在義大利麵餐點裡的那些除外，那是身為學生所無法避免的食物。我也仍然吃魚。後來，我停止吃義大利麵裡的肉，接著停止吃魚。兩年後（大約距今二十年前），我成了純植物飲食者。

所以我清楚那是什麼情形──即使你**想要**改變你的飲食習慣，但當你坐下來，看著眼前的菜單，你很容易會說出：「**下次再說吧。這次，我要選擇我會喜歡的餐點。改變是明天的事。**」

該是採取務實的時刻

「務實主義者經常思考的問題：『實現某個想法或信念，會對人們的真實生活造成何種實質的影響？這件事將會被如何理解？如果該信念是錯的，我們的體驗會有哪些不同？簡言之，它的「現值」是多少？』」──**威廉詹姆斯**（William James）

現在我們應該要清楚了解到，要這個社會斷絕吃肉是一項大工程。正因為人們和整個社會對動物性產品的投資及依賴規模大到令人難以置信。這個現實結合了維根動物權倡議面臨的獨特挑戰，讓改變既緩慢且困難。即使我們的組織愈趨壯大且專業，奶蛋素食和純植物飲食者的占比即使是在最「先進」的國家也只占成人的幾個百分點而已。雖然在經驗上我們可能有不同的認知，但**純植物飲食者／維根主義者的數量在過去幾十年並未顯著成長**（VRG）。哈爾賀佐格的評估讓我們高興不起來：「不管你聽到了什麼，在過去三十年來，**動物權運動並未對我們人類吃掉其他動物的渴望造成多大的削減**。」（p. 176）維根村（Veganville）對大多數人來說似乎遠到不可思議，位在一座難以攀爬的高山上。同時，我們的對手一直在試著妨礙人們開始這趟旅程，投資了可觀的數十億經費在廣告上，以便讓人們離不開肉。（註2）

因此，以現況來說，只聚焦在讓人們為了動物，或者告訴人們要為了反對物種歧視而採取植物性飲食，是不夠的。諾姆菲爾普斯在2014年時寫道：

> 現在我們還不能期望直接的策略能帶來成功。目前是需要間接策略的時候；我們得埋下種子，使其在未來能長出果實……現今是累積力量，並為未來的成功打好根基的時候。（p. 64）

簡言之，現在是需要高度務實的時刻。根據《康橋基礎英語字典（*Cambridge Essential English Dictionary*）》，「**務實**」是指以一個適合實際狀況的方式來處理問題的態度，而非遵循固定的理論、思想或規則。所以「務實」重視實際情況甚於規則。要找到一個與務實主義相對的字眼，是很困難的。獨斷主義（或說教條主義）的含義太過負面，

而理想主義，似乎又太過正面。我建議我們應該將其視為一個光譜，如下所示（圖4）。

冷酷
務實

教條式　　　　理想　　　　　　　務實

圖4：理想主義到務實主義的光譜

　　無論是沿著光譜兩端的哪個方向，若移動得太過，都會出現問題。一成不變的教條是危險且無效益的，但如果你往另一個方向前進得太過，那麼你在達成目標的過程中，就會有妥協太多或變得不道德的風險。我使用「理想」這個詞來當成「務實」的相對名詞，並謹記「教條主義」與「務實主義」僅有一線之隔。

　　讓我用「週一減肉日」或「週一無肉日」這個活動來說明務實主義和理想主義之間的差異。我之後還會做進一步討論，但現在先讓我們假設這個活動能讓我們更接近目標。擁有務實態度的人會喜歡這個活動，因為他們最關心這個問題：**它管用嗎？**然而，那些在光譜另一端的人，可能無法接受只要求人們一週一天不吃肉的作法。如果我們相信殺害動物在道德上是錯誤的，我們無法真正容忍在一週的其他六天吃肉是沒問題：（同樣的爭論也會出現在純植物飲食者和奶蛋素食者之間，因為「無肉」並不代表純植物飲食。）這並不符合理想主義者的信念，他們會說要求週一無肉並不正確，因此不應該被倡導。

　　現在，雖然這些不同的立場可能導致兩種不同的結果，例如是否支持週一無肉日的活動，但值得注意的是，理想主義者雖聚焦於「正

確性」，但他們並不一定會忽略「有效性」。事實上，他們可能會認為這個活動沒有用，且通常進而相信，做道德正確的事會導致最好的結果，或者相反的，在他們眼中不對的事就不會起作用，然而這只是空想，不是事實。同樣的，務實者，聚焦在「有效性」，他們同意不利用動物的原則，同時並不忽略「正確性」，所以我們可以看出務實者和理想者都重視有效性和正確性（結果和原則）的價值，只差在他們的焦點不同，沒有人單純只聚焦在結果，也沒有人純粹只關注規則或原則。除了最堅決的務實主義者之外，每個人都有他們堅不可破的原則；除了最教條式的理想主義者，每個人都會同意在特定的情況下，我們得優先考量有效的影響，並暫時擱置原則。

下頁的表格提供了在維根運動中對於理想和務實兩者的進一步描述。請謹記，我們談的是一個光譜，而不是一個嚴格的二分法。

	理想主義者	務實主義者
最終目標	終止動物的殺戮／痛苦／不公義	
策略性目標	更多的純植物飲食者	減少（動物性產品的）消耗
行動呼籲	行動呼籲是確保最終目標「採取純植物性飲食」	行動呼籲是為了趨近目標：「減少吃肉」「吃更多以植物為主的食物」「週一無肉日」「吃蔬食／素食」
論點	為了動物	為了任何理由（動物、健康、口味、環境永續）
焦點	聚焦在個人價值、責任、道德	焦點也包括替代品／蔬食友善環境
夥伴	排他性：與有同樣想法的人合作	包容性：與任何能夠對目標有貢獻的人合作
利益結合	不倡導利益結合，甚至不支持	（大多數）歡迎利益結合，至少不反對

　　不幸地，社會運動變得兩極化。偏理想派反對偏務實派的立場，反之亦然。理想主義者可能會指控務實主義者背叛了自己的初衷，認為他們採取的手段並不正當，或離目標愈來愈遠。艾瑞克馬可斯（Erik Marcus）在他的網站 vegan.com 中寫到，「成為務實者的代價之一，是其他人總是質疑你的動機和道德一致性。」

　　務實主義者可能會告訴理想主義者，他們已深陷在自己設定的規則中，並與真實世界脫節，導致他們的努力無法產生效果。在最糟的情況下，在光譜不同兩端的人將會反對另一方。

思想試驗：你是理想者或務實者？

你可以問問自己，在以下的情境下，你會怎麼做？藉以測試你會採取理想主義還是務實主義的方法。

● 在非純蔬食餐廳中用餐

從理想者的觀點，你可能會避免把錢花在有提供非純植物性飲食的業者身上（如果在有選擇的情況下），因為這些企業可能會將你的錢花在更多會導致動物痛苦的產品上。但從較務實的觀點，則可以這麼說：如果企業主注意到人們有純植物性產品或餐點的需求，他們可能會增加這類產品的數量及種類，那麼其他的消費者就有可能去嘗試純植物性產品而非動物性產品。

這個問題同樣適用在更大的消費選擇上。想像一下，有一家主要銷售雜食餐點的速食連鎖店正在試賣一種新的純植物性漢堡。身為一個在維根組織中的推廣者，你知道你的團體有能力帶來很大的改變，你會建議夥伴及支持者們去買這種漢堡，以提升銷售量，並讓它得以在全國上市，因而讓許多肉食者去選擇它而不是平常吃的的含肉漢堡嗎？

● 好吃的奶蛋素漢堡和可怕的純蔬食漢堡

假設某天，你要替一個很餓的非蔬食朋友——我們姑且叫他比

爾——買午餐。餐廳提供了兩種無肉的選擇：一種很好吃的奶蛋素漢堡（裡頭有蛋），以及一種超難吃的純蔬食漢堡。你會選哪個？從理想主義者的觀點，你會無法允許自己購買或甚至建議任何非純植物性的東西。但從務實角度來看，你可能會認定如果比爾吃了這個可怕的純蔬食漢堡，他可能因此在他的嘴裡和心裡都留下了不好的味道。這會讓比爾降低去嘗試其他純植物性產品的意願，並在日後衍生「素食偏見」。另一方面，吃了一個美味的奶蛋素漢堡，意味著某種程度的傷害了動物，但人們如此思考造成的心理影響：「它是無肉的嗎？它還真好吃！」長期來看，可能更具催化效果且有價值得多。

　　當我提出現在是該高度務實的時刻，指的是適合實行更理想化作法的日子，終將會到來，我們並非會永遠停滯在務實階段。一個運動會如何或應該如何務實或理想，有很大的程度要看它處於哪個階段。隨著時間推移，當大眾對我們的支持增加，且對使用動物的依賴也降低了，務實主義的重要性就會減少，理想主義的訊息會變得更有效益且必要。如下圖所示（圖5）：

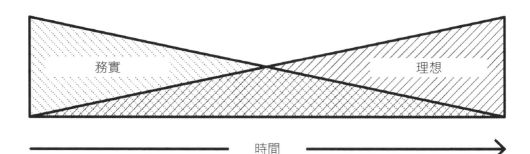

務實　　　　　　　　　　　　　　理想

時間

圖 5: 務實主義和理想主義隨著時間的演變

一個維根推廣者的心路歷程

身為一個倡議者，你對於什麼方法或信念才適合或有效的看法，可能會隨著推廣歷程而改變。讓我來描述一下自己這二十年來所經歷的階段。

① 興趣與轉變

經過一段長時間潛藏在心之後，「吃素」（going veg）這件事終於浮出檯面。我吃素的主要原因是不忍動物受到殘忍的對待，（有些人關心的可能是他們的健康，或擔心畜牧業對環境造成的影響，或因為他們重要的另一半吃素）我開始把動物食品摒除在我的飲食選擇之外，兩年後，也就是從 1998 年開始，我開始稱自己是個純植物飲食者。

② 啟動

我閱讀了關於動物虐待有多恐怖的資料，並認為我需要做更多

事。我開始對推廣的目標充滿熱情，想要幫助全世界的人都變成純植物飲食者。截至目前，我完全信仰動物解放。我的研究所論文內容就是關於這個主題，畢業後立即在美國的四個不同的動物權利組織實習。

③ 激進化

不久之後，我開始對於人們面對這麼多不公義和痛苦時卻一點也沒有同情心感到沮喪甚至憤怒。我認識了不少關注維根運動的人，閱讀表達有明顯黑白觀點的維根主義文章和書籍。我認為「動物虐待沒有任何藉口」，而當人們知道事實之後，應盡快轉變成純植物飲食者。我批評一些採取務實立場的動物權利組織，認為他們背叛了自己、是「福利主義」者（**註3**）且太軟弱，我質疑他們的動機。

④ 理解

在讀更多書、做更多思考、與更多人交流之後，我發現我採取的方法並不是最有效的，因此變得更實際且務實，但卻不會改變或背離我的任何原則。我的結論是人們需要的不只是道德勸說，而給予人們鼓勵比以罪惡感來綁住他們還來得管用。我注意到，而且持續注意到，身邊有很多人不需我一直去對他們說教，卻改變了他們的飲食習慣。我也知道，多數為動物權利組織工作的人都是立意良善且從事的是非常重要的工作。

結論

　　關於什麼行得通、什麼行不通這個問題，永遠都需要根據當下的情況去回答：在哪裡？在什麼樣的時間點？發生了什麼事？現今行得通的策略在十年後可能就不管用了。相反的，有些策略或活動在今天可能不夠理想，但當未來有更多大眾支持更積極行動的時候，就可能會變得有用——而這是可以被期待的。

　　人類極度依賴利用動物，這是動物權倡議者所面臨特有的挑戰。目前我們還是相對少數，對抗我們運動目標的反對力量卻非常強大，純植物飲食者需要採取高度務實的態度。在這樣的前提下，我在接下來的章節中，建議：

★在對人們提出的行動呼籲上，我們要務實
★對於建議人們做出改變的理由，我們要務實
★我們需創造一個有助於改變的環境
★我們採取較輕鬆的維根主義概念

　　當個哲學家，談論關於動物權的事實是很容易的。挽起你的袖子親自參與，在正確的時候做正確的事，真正促成改變或改革，才是困難之所在，而這正是具有高度影響力的倡議藝術。

02
行動呼籲
我們該要求人們做什麼？

「你必須一步一腳印，才能登上最高的山巔。」
——約翰沃納梅克（John Wanamaker）

　　我們都想盡可能讓愈多的人來到維根村並住下來。但我們應該順著這個渴望，傳達「跟我一起來維根村吧！」這樣的訊息嗎？我們能否運用更有吸引力的詞彙或語句？能否提供一些中程的目標？或許我們可以告訴訪客，並非一定得來維根村，只要是住在山上的任何地方都很棒；讓他們知道住在維根村附近會有很棒的視野，並獲得很多好處；或是單純邀請人們來拜訪我們。與其要求人們在維根村買或蓋棟房子，倒不如提供他們一個月的飯店或渡假村住宿方案，看看他們喜不喜歡這裡。

　　在一個愈來愈多國家的人民對肉類完全上癮的時代，最理想的方式是希望他們怎麼做呢？轉換純植物飲食？吃蛋奶素？少吃肉？參與週一少肉日或「純植一月」（Veganuary）？如果在一開始沒有嚴格要

求人們轉換純植物飲食，我們是否仍應該清楚明白地告訴他們，純植物飲食和維根主義才是最終目標？

讓我們將對個人和組織的要求稱為「行動呼籲」。對於什麼才是最佳的行動呼籲，目前在推廣者之間尚未達到共識。甚至對於我們的運動至今已達到了什麼成果，意見也不一致。有些推廣者發出責難，說他們察覺到推廣的進展如此緩慢，是因為我們沒有要求人們完全轉換成植物性飲食。有些人則抱持相反的看法，認為我們一直強調「採取純植物生活吧！」或：「吃素吧！」的訊息是不妥當的。不管是哪種情況，許多維根主義者認為目前的行動呼籲並不夠理想，這正是此事需要被重新檢視的理由。

為了處理有關行動呼籲的問題，我們可以從務實或理想化兩方面再度檢視。**如果採取務實，那我們所尋求的行動呼籲，將會是能有效降低人們抗拒心理的方式，並能讓我們獲得想要的最佳結果（更少的痛苦、殺戮或不公義）**。另一方面，比較理想派的做法是，會非常在乎該問哪些道德正確的問題。例如：要求人們少吃肉，先試著吃素一陣子，或先從避免吃魚和雞肉開始，這樣在道德上是合宜的嗎？

這個問題牽涉到我們是否能夠或應該使用**漸進增量式的行動呼籲**。漸進增量式的行動呼籲有不同的做法，包括以下幾種：

★**頻率**（吃較少的肉；週間不吃肉、選一天吃蔬食、晚上六點之前吃蔬食）

★**份量**（吃較小份量的肉）

★**期間**（在一月的時候採取純植物飲食，如純植一月活動所推廣的方式）

打造全蔬食世界

★ 選擇你所吃或不吃的**動物種類**（例如「不再吃雞」，這是「為動物跨出一小步（One Step for Animals）」這個組織所建議的訊息）

★ **肉的種類**（選擇吃「人道的」、「放養的」、「草飼的」）

妥協不等於共犯
案例：英國廢奴運動的勝利

提出一個並非自己真正希望的要求，會讓許多純植物生活推廣者感到擔心，但這是所有社會運動中一個常見的方法，也是務實主義的特徵之一。

1806 年，英國的廢奴主義者面臨了一個窘境。（註 4）有超過二十年的時間，他們試著要讓英國的奴隸買賣成為非法交易，卻未能成功。因為當時英國面臨戰爭中數次所費不貲且令人蒙羞的失敗，以及與拿破崙領導的法國之間的持續衝突，公眾情緒和政治情感轉而對於廢奴主義活動出現敵意。廢奴主義者越來越沮喪。在那個黑暗時刻，廢奴主義者暨國際海權法專家詹姆士史帝芬（James Stephen）想到了一個新奇的點子。他想，與其將不切實際的廢奴主義法案帶入英國國會，何不導入一個單純禁止英國人投資、保障、供應或參與法國以及其同盟（尤其是美國）奴隸交易的法令，並允許英國的海軍及私人船艦都有權逮捕法國及其同盟國的奴隸船呢？

從以下兩個角度來說，這是個相當聰明的想法：它能激起民族主義的情操。海軍與私人船隻都會非常支持這個法案，因為船員有權將他們所捕獲的非法船隻之部分價值歸屬於己；且英國一般大眾和政治人物並未發覺，大約有三分之二的英國奴隸船，都掛著法國或美國的

國旗。雖然這樣的做法似乎錯誤地運用了人們的愛國情操，但這個法案卻能終止一大部分英國的奴隸買賣。

然而，卻仍然有許多廢奴主義者為此感到遲疑。對於一個絕對罪惡的事安排了不完整的解決方案，這樣做是對的嗎？有沒有可能因為競爭減少，反而增加了既有的奴隸買賣？而大眾難道不會認為，廢奴主義者其實暗地裡就是認同在英國旗幟下進行的奴隸買賣？

最後，廢奴主義者決定遵循史蒂芬的計畫。《外國奴隸買賣法案（The Foreign Slave Trade Act）》獲得了巨大的成功。它立刻摧毀了一大部分的英國奴隸買賣，而且與廢奴主義者所恐懼的相反，也顛覆了其他國家的買賣。並且，這個事件重振了社會對廢奴運動的支持。僅僅在一年之後，長久以來追求的終止奴隸買賣法案，終於通過了。

這並不是廢奴主義者所做過唯一困難的妥協。更困難的發生在大概二十年前。在某次初步會議中，他們投票決定只致力於推動終止奴隸買賣，而非推動讓英國（以及其殖民地）的奴隸重獲自由。這不是個容易的決定。他們知道這意味著還有超過五十萬人被奴役，多數在加勒比海地區甘蔗田裡的惡劣環境。然而，他們考慮到這場戰役在「那個時候」是贏不了的，他們希望廢除奴隸買賣能為未來的奴隸解放運動墊下基石，而後續也的確達到了這個目標。

從無麩質學到的一課

對於英國反奴隸運動的成員來說，提出務實的要求在達到最終目標上是有幫助的。為了說明務實的行動呼籲會如何對動物解放者和純植物生活者帶來類似的效益，我們先來看看另一個與食物相關的現象。

無論你來自哪個國家，你可能已經注意到過去五至十年來，無麩質食品和餐點有正在成長的趨勢。它並非如素食或維根主義發展得久，但商店和餐廳中無麩質的選擇似乎比純植物的選項還來得多。為什麼會有這種現象呢？

當我看到一位女士在臉書上張貼了這則貼文，我瞬間得到了答案。她大概是這麼說的（圖 6）：

圖 6：無麩質產品觀察

對於這位女性來說，遠離含麩質的食物是生死攸關的事。她深受乳糜瀉（由麩質引起的自體免疫性疾病）所苦，即使僅攝取一公克的麩質，都可能招致嚴重的後果。另一方面，有些「假裝」他們需要遠離麩質的人相信，麩質是有害的，而避免麩質將對他們的健康及精力帶來正面的效益。科學家似乎不同意這種說法，指出對大多數非乳糜瀉患者的人而言，避免麩質是沒有必要的。我們姑且稱這些人為「偽裝者」，不過在此使用這個詞並無任何不尊重的意思。

因為無麩質偽裝者並不需要像躲避瘟疫般遠離麩質，他們不會如此嚴格地限制去吃它，偶爾吃到麩質，對他們來說可能也不會感到不舒服，而只會在某些時候避免麩質。那位（過敏的）女士抱怨，這些偽裝者讓她更難以說服其他人——例如餐廳裡的服務生——盡可能嚴謹地對待自己的特殊飲食限制。服務生和其他人可能已經習慣面對偽裝者了，並假設這位有乳糜瀉的女士也是其中之一，因此在處理她的要求時可能就會不夠嚴謹。

純植物飲食者也會遇到類似的情況：當有些人自稱是素食者或蔬食者，但時不時卻吃點魚，或允許其他的例外，就會對真正的蔬食者帶來很大的問題，我們認為這些人製造了混亂，給其他人添了麻煩。我們在餐廳吃飯時，可能會看到餐盤中出現了一條魚，因為主廚心裡想著上一位開心吃下它的「蔬食者」。

而在此最關鍵的是，這位患有乳糜瀉的女士所提出的另一個重點：託這些偽裝者的福，現在無論是在商店或是餐廳裡，她都有琳瑯滿目的無麩質產品可選購，而這些產品在過去幾年內是很難取得的。同樣的道理，在維根運動中，有一小群真正的純植物飲食者。若單從道德的角度，

他們吃純植物飲食是因為這個選擇關乎生死，然而，數量龐大得多的人們，在不同程度上偶爾也會吃奶蛋素食或來個純植物餐點。事實上，維根運動和無麩質現象的人數比例大致相符：一百個人當中大約有一人對麩質過敏，或身為純植物飲食者。而想要減少麩質或肉類攝取的人口，卻是數倍之多。減肉族群比純植物飲食者要大得多的理由之一，當然是對大多數人而言，減少吃肉比成為純植物飲食者來得簡單，或看似容易許多。減肉族群的數量對我們的運動來說，意義相當重大。

減肉族群的重要性

無麩質偽裝者或偶爾吃無麩質的人，對無麩質產品的成長有著重要的貢獻，他們有助於創造一個讓供應商能獲利的市場。同樣地，減肉族群在維根運動中也扮演了重要角色。主要理由如下：

重要性 1

很多減肉者集合在一起，改變系統的速度會快於少數純植物飲食者。

減肉者集合在一起，能比奶蛋素食者和純植物性飲食者消耗更多的蔬食餐點（見圖7），我們可假設他們也是蔬食餐點和食品的主要購買者。蔬食餐點和產品的生產者與販賣者會將此區隔市場視為他們的主要目標，是有道理的（Shore）。

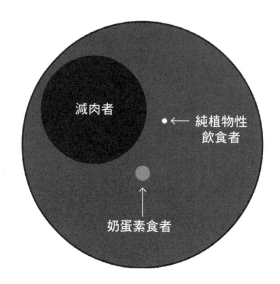

圖 7：減肉者、奶蛋素食者和純植物性飲食者

■ **企業案例 1：**Gardein

　　依夫保德文（Yves Potvin）是生產肉類替代食品的加拿大企業 Gardein 的創辦人暨總裁。在一次私人的通信中，他告訴我：「**彈性素食者（Flexitarians）是改變世界的關鍵，也是購買 Gardein 產品的最大族群**；而純植物飲食者和奶蛋素食者只占少數比例，且彈性素食者的數量正在崛起。」

■ **企業案例 2：**Tofurky

　　此外，知名的 Tofurky 品牌創辦人兼主席賽斯帝博特（Seth Tibbott）告訴我：「純植物飲食者和奶蛋素食者都高估了自己的重要性。我們估計，**各種蔬食者們最多占我們消費族群的百分之二十至二十五**。我們認為在減肉者中，曾採取純植物飲食或奶蛋素食的客戶的消費，占了我們銷售額中的最大部分。」

■ 企業案例 3：草食屠房

即使是在如明尼亞波里斯市的蔬食專賣店——草食屠房（Herbivorous Butcher），業主估計**他們的客人中有百分之六十至七十是雜食者或減肉者**（Bird）；同樣的情況也可能發生在多數蔬食餐廳中。

這麼說來，是大量的減肉族群帶動了需求，也比少量的奶蛋素食者和純植物飲食者對市場帶來更大的影響。食品公司發展出符合此需求的產品——有時是為了補償他們下滑的動物性產品銷售額，或者是替未來未知的市場鋪路。超級市場會提供這些產品，廚師們也會用這些產品來烹調餐點。（註 5）

我們在這裡看到的是供應和需求面的良性循環。當需求成長，選擇增加，人們對奶蛋素或純植物飲食的接受度也會增加。這個成長讓每個人朝純植物飲食者的光譜邁進變得更容易，就如同偽裝者讓那位有乳糜瀉的女士在購物、烹飪和吃東西方面都變得更容易一樣。不誇張地說，考慮到純植物替代品對我們的重要性，本書的許多讀者目前可能為奶蛋素或純植物飲食者，得至少部分歸功於那些在無意間為他們的需求鋪路的龐大減肉族群。簡言之，雖減肉族群並非個體改變，但他們對社會變遷來說似乎是非常關鍵的；而社會變遷，反而能導致更多的個體改變。有份動保影響力研究會（Faunalytics）針對前奶蛋素食者的調查報告指出：**「比起鼓勵相對小的一部分人完全摒棄食用動物性食物，把精力放在鼓勵更多人減肉，也許能讓經濟動物受益更多」**（Asher et al. 2014, p. 3）。

減肉族群，與奶蛋素食者及純植物飲食者相比，不見得是受道德動機所影響。然而，對於需求的影響而言，動機無關緊要。我將在下一章討論動機的部分。

減肉族群能拯救的動物，反而比奶蛋素和純植物飲食者還要
多。

　　集合所有減肉族群所造成的影響，比奶蛋素和純植物飲食者更能
減少動物被殺害的數量。（如果更進一步，將減肉族群和奶蛋素食者
造成的影響加總，並與純植物飲食者相比，則差異會更大）。2016 年
一項由美國素食資源小組（Vegetarian Resource Group）做的國內統計
顯示：**奶蛋素和純植物飲食者的人口共占百分之三點四，相比之下，
會食用蔬食餐點的人口則有百分之三十三（VRG）。**這些減肉族群食
用的蔬食餐點總數（依食用頻率作為劃分依據）比奶蛋素或純植物飲
食者吃的蔬食餐點總量，多出約三至四倍。

豆漿的例子

　　豆漿和其他乳品替代品是供需法則的典型案例。

　　舉例來說，現今英國約有五分之一的家庭選擇購買植物性的乳
品替代品。根據英敏特（Mintel）的研究，2011 年至 2013 年，乳品
替代品的市場驚人地成長了百分之一百五十五（Harrison-Dunn）。
即使是最樂觀的純植物飲食者，不需查看這些調查，也知道該市場
並非全由自家人所貢獻，這些轉向替代品的消費者也並非都關心乳
牛與小牛的處境。他們選擇這些產品是因為健康及口味喜好。市場
是鑑於這些原因而成長，是這些消費者讓生產者提供更多更好的替
代品，讓今日的你我能更容易當個純植物飲食者。

重要性 3

減肉族群比一般雜食者較可能轉變成為奶蛋素或純植物飲食者。

根據動保影響力研究會（Faunalytics）一項名為《對美國成人倡導肉食減量及素食主義（Advocating Meat Reduction and Vegetarianism to Adults in the US）》的報導：**與一般雜食消費者相比，適量食用肉類的消費者轉為奶蛋素食者的意願是兩倍，而轉換為半奶蛋素食者的意願則近乎六倍**（2007）。研究也顯示，所謂的「小贏」（small wins）──人們或組織達到的小勝利──在精神上的價值是無法衡量的，其影響力遠遠大於成果本身。

普立茲獎得主查爾斯杜希格（Charles Duhigg），在他的書中《為什麼我們這樣生活，那樣工作？（*The Power of Habit*）》讓小贏的概念通俗化，他寫道：「**小贏能帶動重大的變革，方式是將小進步轉化為模式或習慣，久而久之讓大家深信，更大的成就與勝利近在眼前**」（英文版 p. 112，中文版 p. 131）。藉由要求人們踏出一小步（如嘗試一日無肉）來增加人們體驗到成功滋味的機會，是創造改變的關鍵步驟。反之亦然。當人們試著努力達成某項目標卻失敗時，就會感到挫折。

下一章我將詳細說明一些心理學理論，這些理論或許可以解釋為什麼減肉族群比一般雜食者更可能成為奶蛋素或純植物飲食者。

重要性 4

減肉族群循序漸進，較不易走回頭路。

多項研究顯示，曾經成為奶蛋素或純植物飲食的人，與現任奶蛋素或純植物飲食者相比，更可能永久戒斷肉品。換句話說，轉換為奶

蛋素或純植物飲食者的過程較可能是循序漸進，而非一口氣戒斷肉蛋奶等動物製品。這些研究目前尚屬試驗性質，但我們仍可將這些發現列入考量。給癮君子的忠告：「戒菸之前先減量」，可能也適用於雜食者（Haverstock and Forgays, Asher et al. 2014）。

重要性 5
減肉族群分布更廣，帶來更大的「擴散」效應。

減肉族群可能具有更大影響力的最後一個原因是，他們在社會中的分佈更廣，因此能接觸更多人、組織，或置身於能發揮影響力的特殊環境。因此，減肉族群對食物和商品的大量需求，將會延伸到更多不同的地點、餐廳、超市和其他商店。

在這種情況下，減肉族群更有潛力能顯著支撐純植物食物的供需系統。舉例來說，比起用心服務一位純植物飲食者，餐廳老闆可能更願意花心思服務七位參加「週一無肉日活動」的客人。而除了消耗的餐點數量之外，純植物飲食者較可能形成小團體、偏好去純植物性餐廳，並且跟其他純植物飲食者一同用餐，導致他們的潛在影響力降低。

話雖如此，純植物飲食者卻可能更勇於表達他們的訴求，甚至徹底影響局勢。舉例來說，通常是純植物飲食者，才會設法透過寫信與溝通，引導業者去除其產品中的動物成分，使產品達到「純植物化」。雖然這論點尚未有明確證據，但檢視這些「擴散效應」的餘波仍相當有趣。

改善我們的行動呼籲

我們想創造對動物更友善世界的目標，更清楚地說，代表著一個近乎維根的世界。由於一般來說，非維根的商品（包含動物性商品，及剝削動物的商品或服務）與消費動物的習慣，都會導致動物受苦，因此對純植物飲食者而言，除非要求人們「採取純植物維根生活！」或「吃純素吧！」，否則就會與目標產生矛盾。因此，若我們行動呼籲的原則是「我們的目標（aim）和思想體系（ideology）必須保持一致」，那麼要求人們都採行維根主義，似乎便是呼籲的底線；但若行動呼籲是以「有效性」作為衡量標準，那我們的推廣至少要包含「減少消費動物商品」這條訊息。然而，「減少消費動物商品」的呼籲並不像「採取純植物維根生活！」、「吃純素吧！」這般聳動或具勸告性，故接下來我們會檢視一些法則，協助我們設計和打造出強而有力的行動呼籲，讓人們減少消費動物商品。

改善行動呼籲 1
人們能接受的行動呼籲

行動呼籲必須被精心策畫，才不會立即被人們忽略或充耳不聞。這裡並非討論呼籲民眾執行的方式，而是提出呼籲的前一步：人們對蔬食者的言行與欲表達的理念，願意傾聽的開放程度。當我們要求他們做的事是可行的，並能想像自己做到了那件事情，他們才會比較願意傾聽。

我們當然可以要求他們轉奶蛋素或純蔬食，但是，請記住以下這點：對大部分的目標群眾來說，這麼做是很令人怯步的。如我先前曾指出：「對大多數成人來說……斷除肉品似乎是個駭人又荒謬的概念。

近乎八成的人，說他們『根本不可能』完全放棄吃肉。」（Faunalytics 2007）──過去十年來，這些人數或許有些微的調整，然而一個更近期的比利時統計顯示，**經常吃肉的人幾乎沒有意願轉為奶蛋素食者**（Ivox），更遑論轉純素或純植物飲食。

雖然近年來，大眾對奶蛋素和維根主義的觀點似乎有所改善，但很多人仍對蔬食者，特別是純植物飲食者，以及動物權的概念抱持負面聯想（Cooney 2014, p.48），這顯然對「採取純植物維根生活！」或「吃純素吧！」如此的訴求不太有助益。

當然，我們也可以問問自己，什麼樣的訊息能提高民眾的接受度。人們對轉變飲食感到反感的原因之一，無疑是因為對自己喜愛的食物的執著和依戀，故很多人總是能找到藉口，以便對此置之不理。儘管我們不能完全控制人們傾聽的意願，選擇有助於提高人們對議題開放態度的呼籲，仍會是有幫助的。

改善行動呼籲 2
人們確實會跟隨的行動呼籲

「採取純植物維根生活吧！」或「吃素吧！」可能不是最理想的口號，因為這個要求相當不容易，但「少吃肉」（或少吃點動物食品）可能也不是最有效的選項。

一方面，「少吃肉」並不明確，人們不知道該怎麼做，對是否達成目標也沒有清楚的概念。很多人會說他們已經少吃肉了，但在很多情況下這並非事實（註6）。另一個考量是，改變行為──尤其是牽涉到如改變飲食這樣的難題，特別是動物食品──在某種架構或系統建

立時，要改變行為會變得更容易。

在《當改變很困難時，該如何改變（*Switch: How to Change Things When Change Is Hard*）》這本書中，奇普希思和丹希思（Chip and Dan Heath）提出能「清楚描述關鍵步驟」的技巧，他們建議我們應該向目標群眾作出明確的指示。這是絕對必要的，否則人們可能陷入所謂的「分析癱瘓」（analysis paralysis），也就是當面臨太多選擇和太多衝突性的資訊時，人們最終只會陷入思考迴圈，而不會有任何行動。

假設我們同意在很多情況下，基於策略考量而不使用「採取純植物維根生活吧！」或「吃素吧！」這些行動呼籲，而是建議人們少吃肉或動物食品，那麼，以下是一些我們能夠採取的行動呼籲範例：

★週一無肉日（或將任何一天設定為無肉日，例如比利時的週四蔬食日，或巴西的週二無肉日）

★六點前吃蔬食，這是由美國美食部落客和前《紐約時報》記者馬克比特曼（Mark Bittman）發起的活動

★在週間（工作日時）吃蔬食

★在家時吃蔬食

★如「純植物飲食挑戰」或「純植一月」（Veganuary）這類短暫型的宣誓活動（請見後頁專欄）

這些行動呼籲各有利弊，但都提供了人們可以投入的系統與架構，看起來也比直接要求人們戒除動物食品更加可行。

我較不喜歡的行動呼籲，是像很多政府建議的那樣，要求人們吃較小份的肉。這個訴求並不具體，也很難發起符合這個訴求的活動，

最重要的是，它無法鼓勵人們嘗試不同的食物。雜食者通常不會只吃一小塊牛肉，搭配一塊豆腐或半個蔬食漢堡。即使許多人「吃較小份的肉」顯然會大大影響需求，但這個飲食建議最終還是無法使雜食者更接近無肉，或無動物的飲食。

改善行動呼籲 3
具有可信度的行動呼籲

無論維根主義的論據有多充分，非純植物飲食者都會試圖從中找出漏洞，或提出行不通的理由。我們可能覺得這些反對的理由很薄弱，但在此所要討論的是，那些提出批評的人，雖然不總是如此，但通常都對自己的論點深信不疑。以「純植物飲食有益健康」的論點為例，**無論關於純植物飲食的宣稱是否合理或證據充分，都比不上在大眾、醫療專業人員（包含醫師）和政治人物的眼中，其宣稱是否具有可信度來得重要。**

人們很難找到「不該減少食用動物食品」的正當理由，以健康為由而反對減少食用動物食品，顯然並不適切。在工業化的世界，大多數人都攝取了過量的動物性蛋白質，沒有人能真正聲稱（我也從未聽過有人聲稱）少吃動物食品是行不通的。我們若是希望具有影響力的人或大型機構加入我們的行列，可信度必不可少。（請見第 4 章）

「純植一月」（Veganuary）及其他宣誓活動

　　全球有許多純植物維根組織會舉辦宣誓活動，在活動中，人們會承諾吃純植物飲食（或奶蛋素食）一段時間。用我們的比喻，就是邀請人們來維根村住一陣子，看看他們是否喜歡這裡。

　　最著名的例子就是始於英國的「純植一月」活動（www.veganuary.com），這類活動具有一些明確的好處。有些人考慮轉變為蔬食飲食時，會擔心自己日後可能會放棄，光是想到未來會遭逢的失敗、尷尬或批評，就會阻礙這些人採取任何行動。但若只是宣誓採行純植物飲食一段時間，不必允諾得持續一輩子，將有可能協助他們開始行動。

　　「純植一月」這類的活動，不只是進行幾天而已，還是在一年中特定的某個時段舉辦。大家同時開始挑戰，對鼓勵民眾參與能產生相當大的誘因，害怕自己可能無法在一個月內完全不碰動物產品的人，會了解到自己並不是孤軍奮戰，而得到激勵。

　　「純植一月」在 2017 年大約有一百五十個國家、六萬人參與*。這龐大的參與人數令人感到欣慰，也有助於建立起一套標準，甚至帶來一些壓力：哇，這麼多人都在接受挑戰！我若沒參與似乎不太 OK，對吧？

　　活動在一年中特定的時間開始，也是吸引媒體關注的絕佳機會。這個千載難逢的好機會，能讓餐廳和食堂集中火力，在這一小段時間內推出測試性的蔬食菜單。

譯註：參與人數在 2018 年時來到十七萬人，2019 年則有來自一百九十個國家，約二十五萬名參與者。

盡可能減少痛苦及殺戮的行動呼籲

　　某些人們會照做的具體行動呼籲可能無法帶來實質的影響。你可以要求人們不再購買食用鵝肝，但即使每個人都同意，能產生的效果也相對較少，因為鵝肝已經是大多數消費者不會去吃的特殊料理。

　　一個不錯的方法是可以要求人們**少吃或不吃某些動物**，雞和魚就是不錯的例子，因為牠們的受害數量最龐大。話雖如此，有些較容易的行動，例如呼籲不吃鵝肝，可做為有助人們在行為上做出更全面改變的墊腳石。這也是為何反對皮草與馬戲團的倡導活動——雖然其利用動物的數目只是肉品業的冰山一角——仍有助於人們意識到一系列的動物權議題。

關於「純植物飲食」、「素食」等詞的使用時機

　　我會在第五章談及更多關於維根主義和維根溝通的概念。在此我只會淺談「採取純植物生活吧！（Go Vegan!）」這個口號，以及關於「純植物生活者（Vegan）」這個詞的使用。

　　我認為少吃肉和「採取純植物生活」（或「吃素吧！」）這兩種行動呼籲是相輔相成的。我並非建議推廣者不再要求人們「採取純植物生活」，也不是要主張我們應該永遠不再使用「純植物飲食（Vegan）」、「素食」這些詞，因為它很實用，而且愈來愈為人所知。**我真正的建議是：「採取純植物生活！」和呼籲減肉的訊息都要使用，並根據當下目標群眾的屬性來決定該使用哪一種行動呼籲。**當我們與

大規模群眾溝通時，就該考慮使用「採取純植物生活」或「吃素吧！」以外的口號，如此才能建立起群聚效應。

美國食品科技公司漢普敦克里克（Hampton Creek）想藉由研發雞蛋的替代品，將蛋雞從食物鏈中去除，該公司創辦人兼執行長賈許泰崔克（Josh Tetrick）提出的忠告是：要吸引主流關注，就「絕對不要使用素這個字。」（Choi）泰崔克是在探討如何讓純植物商品成為消費主流，但他並不是直接喚起人們的意識，而是利用銷售商品來達到目標。他知道很多消費者對素這個字有負面的聯想——還記得我之前提過的「美味的考量」嗎？——故他避開了這個阻礙。

然而就我的經驗，「採取純植物生活吧！（Go Vegan!）」這個行動呼籲適用於某些族群或某些情況：

★年輕族群（尤其是青少年）喜歡黑白分明的訊息。對他們來說，純植物飲食者這個身分既實用又具吸引力，展現出一種反抗的態度。（請見第 5 章，關於純植物生活者的身分認同議題有更詳細的說明）

★學生、學者和知識份子可能比多數人更能開放地考慮維根主義、物種主義、動物權哲學，以及人類與動物關係的各種面向。

★已經開始關心經濟動物的福祉、已經是或很接近奶蛋素的人。我們當然可以鼓勵這些人採取下一步。

★一對一的對話，如此一來便能分辨對方是否真的有興趣對維根主義這個話題進行哲學上的思辨。

隱晦的維根主義

如果不使用純植物（Vegan）這個詞，純植物商品的銷售量是否會更好呢？幾年前，我在加州某個全食超市（Whole Foods）要找純植物蛋糕，有人告訴我那裡有賣，但我到了那裡卻遍尋不著，於是詢問了櫃檯人員。她指出蛋糕的位置，並說明它不再被標示為純蔬食。她說自從廠商改了標籤後，這個蛋糕的銷售量就多出了三倍。

最近，我看到愈來愈多我所謂的「隱晦的純植物性」場所。

這意味著店家全都輕描淡寫地描述純植物性商品，甚至常常是不說的。澳洲一家名為薯條大王（Lord of the Fries）的連鎖餐廳，餐點不是奶蛋素就是純植物性，但你得特別注意才能察覺出來，有人還跟我說，顧客幾乎都沒發現他們吃的食物不含肉；拉斯維加斯有一家知名的雷諾甜甜圈（Ronald's Donuts），它是一家小店面，建築外觀完全沒洩漏裡面有植物性餐點，如果想知道哪個甜甜圈是植物性的，還得特別詢問才知道。

如果這些商店不想用純植物或是素食這些詞，顯然是因為他們認為或是知道，這些用詞將趕跑的人，會比吸引進來的人還多；對多數人來說，這種屬性的產品，並不會加分，而是扣分。為了讓你有個概念，這種感覺就類似當想到無麩質餐廳，你可能會產生什麼想法。如果你對自己夠誠實，你可能會想像那些餐點不會像「一般」餐點那麼好吃，因為某個東西（可能是口味）被從中移除了。

當一般大眾對純植物飲食的喜好開始提升時，這種現象就會改變。而提升這種喜好的一個方法，可能是讓人們吃純植物食物，卻不告訴他們那其實是蔬食。

　　最後，關於「素」和「純植物」系列詞彙，名詞如維根主義（或純素主義）、純植物飲食者（或純素者）比形容詞，如純植物（純素）餐點，更不討喜。名詞的措辭充滿對立性：你要麼是素食者／純植物飲食者，要麼不是。或至少，只要素食者／純植物飲食者對此仍抱持非黑即白的態度，那麼人們就會持續有這種印象。（請見第5章針對此議題的討論）有些人可能沒意願完全吃純植物飲食，就會對這些名詞興致缺缺。而如果你是個蛋奶素食者或僅偶爾吃純蔬食，你可能會感到被排除在純植物飲食者（即 Vegan）這個名詞之外，你不屬於那個團體，而「維根主義」也不適用於你，**這些名詞有「排他性」；它們將你排除在這個群體之外。**

　　但是，在描述餐點或食品中，「純植物」或「素食」這樣的形容詞產生的氛圍就完全不同了。如果有你的推薦，人們可能會願意吃純植物餐點或購買植物性商品，因為你並不是在要求他們「成為素食者／純植物飲食者」。**每個人都能吃蔬食餐點或購買植物性商品；你不需要非得是個純蔬食者才行**，**這些形容詞比較具有「包容性」；它能將人們都含括進去。**

　　順帶一提，我們不應該認為素食主義比維根主義「次等」。不只是因為對人們來說，奶蛋素聽起來比純植物食品美味，研究也指出，純植物飲食者帶來的額外影響可能較奶蛋素者來得小。庫尼（Cooney）在《維根經濟學（*Veganomics*）》這本書中指出（p. 12）：「**奶蛋素食者對於經濟動物所做出的貢獻幾乎跟純植物飲食者一樣多。他們減少了百分之八十八動物受苦的天數，並挽救了百分之九十四的生命。**」（Cooney, quoting Sethu）

　　換句話說，任何試圖消弭最後幾個百分比的倡議活動，甚或是試圖使奶蛋素食者轉為純植物飲食者，都會陷入效益遞減的困境。

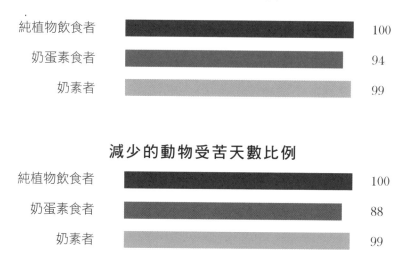

圖 8：各類型蔬食者對拯救經濟動物所做出的貢獻

針對「減肉行動呼籲」的反對理由

2000 年，我在比利時創立了道德蔬食推廣協會（Ethical Vegetarian Alternative，簡稱 EVA）。EVA 事實上是一個貨真價實的純植物維根推廣組織，有些人希望組織名稱中出現「純植物（Vegan）」這個字眼，但我們考慮了大眾接受度後，決定不採用這項建議。幾年後，我們又向前跨了一步（有些人可能會認為是退步），開始去思考傳遞「減少」動物性食品而非「完全避免」的訊息。在我們團體裡的某些人一點也不喜歡這個主意，我自己當時也才剛對「減肉」的訊息，慢慢變得較為開放。

激進側翼效應（radical flank effect）與奧弗頓之窗（Overton window）

「激進側翼效應」（Haines）指的是在一個有特定目標的運動中，較激進的派系會影響人們對溫和派系的觀感。如果我的組織對某個人提出困難的要求，但你的組織對他提出了更困難的要求，那麼對那個人而言，我的要求相較之下就顯得相對合理了。較為極端的要求可能讓所謂的「奧弗頓之窗」範圍——即大眾能接受或有心理準備可進行討論的思想範圍——產生推移。一旦這個窗口的框架範圍移動了，不可能就會化為可能，繼而化為政策。

然而，「激進側翼效應」就如同雙面刃。激進的派系可能會敗壞某項運動的名聲，造成目標群眾認為整個運動都由激進派組成。試想我們的目標群眾可能會因為動物解放陣線（Animal Liberation Front）這個團體的某些行為*，而認為動權運動不但激進，甚至是暴力的運動。如此一來，奧弗頓窗口的框架就可能轉往另一個方向了：「徹底鎮壓動權人士」原本被認為是過分的舉動，但也許在下一刻即被視為是合理的政策。當然，維根推廣者得試圖確認窗口框架的轉變，讓我們期望的結果朝政策及規範的建立去發展。（Bolotsky）

譯註：把動物帶離實驗室、毛皮養殖場、畜牧養殖場等。

當我們想要倡導「完全避免」或「零消費」動物性食品，提出的卻是「減少」的要求，對許多維根動物權倡導者來說，實在難以接受。這就如同當初廢奴主義者對詹姆士史帝芬所提出概念的糾結點一樣（請見本章的第一小節）。在下文中，我回應了一些反對將大量心力放在減肉呼籲的論述和意見。有些反對意見是基於理想主義（關心的是正確性），另一些則是基於務實主義（關心的是有效性）。

反對減肉呼籲的論點 1
「所有非純植物飲食／純植物生活的要求，都是不道德的。」

　　該論點的內容是：對於我們真正想達到的目標，所提出的要求若不夠完整，那就等同於縱容。如果我們要求人們減少吃肉，我們就是在說（或者可能會被解譯成此意）：減少吃肉是可以被接受的；如果我們僅要求人們成為奶蛋素食者，他們可能會認為吃蛋和乳製品是符合道德的；當我們要求人們以漸進式採取純植物維根生活，我們就是在告訴人們，慢慢地花時間把動物性食品從生活中去除，是可以被接受的。

　　這些漸進主義的方式與「動物擁有權利」的概念是相違背的。如果我們同意「動物擁有權利」這個前提，那麼我們就不能「允許」這些權利被放棄，所以逐漸或部分導入動物權利，是不被接受的。

　　從理想主義者的立場來看，這些都是不可妥協的絕對（non-negotiable absolutes），底線是我們必須持續且不可有任何模糊空間地，從道德角度表述維根主義。

　　為了強化反對減肉行動呼籲的立場，以及闡明維根主義的道德要求，一些維根倡議者會提出人權議題來做為對比。舉例來說，他們聲稱人們不會告訴虐待兒童或毆打婦女者：不要那麼常傷害他們的孩子或配偶，而是應該要求他們完全且立即停止任何傷害。從此觀點來看，週一無肉日的活動就和週一不虐待孩子活動，一樣地不道德（注意，無肉或少肉並不代表純植物飲食，而這又是某些人挑剔此活動的另一個理由）。

　　從嚴格的理論角度來看，這兩種情況才能畫上等號。然而，當你明白這兩種情況在真實世界中是有多麼不同，就幾乎不可能堅持做這種比較：

★ 幾乎所有人都不同意虐待兒童，但同時幾乎每個人都開心地吃著動物的肉；

★ 虐待兒童是非法的，而利用動物不僅合法，更是我們經濟和文化中「不可或缺」的一部分。

　　有人會提出反駁：錯的事就是錯的事，不管有多少人同意或讚揚它。即使這個理想主義的觀點是正確的，但卻忽略了一個重點：**我們的焦點該放在得到成果，而不是維持道德的一致性或正確性**。處理這些有著截然不同公眾支持度（包括法律和政治上）的議題，需要運用不同的策略，無論我們所信仰的真相為何。

　　舉例來說，試想對一家蔬食餐廳而言，在門口放置「禁止毛皮」的公告，比放「禁止皮革」的公告，更容易避免批評。**我們的行動和與對外的溝通會遭遇多少反抗或阻力，很大程度上取決於大眾的支持度**。射殺了獅子塞西爾（Cecil the lion）的美國牙醫師帕瑪（Walter Palmer）遭到幾乎來自全球的批評，而譴責帕瑪的人則沒受到抵制。顯然的，你不能

把相同的溝通方式運用在受到幾乎所有人支持的肉食議題上。圖9能清楚說明這點。

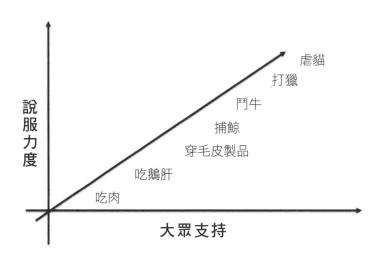

圖 9：議題說服力度與大眾支持度的關係

　　如果我們相信在現今這個社會上，大家都應該像譴責虐童、人口販賣或蓄奴般譴責吃動物性食品的人，其隱含意義所帶來的影響是非常深遠的。這意味著不管是在超市或餐廳，隨時隨地，你都會用實際行動去試圖阻止人們購買或食用動物性產品，因為這是當你看到有人毆打孩童、折磨女性或將工人銬在桌上時，所會做出的反應。

　　最後，如同廢奴主義者在人權運動中所闡述的例子一般，做出妥協並務實地提出有可能達到、而非純粹符合理想的呼籲，並非不可行的做法。這種務實地面對危機的另一個例子是「停火行動（Operation Ceasefire）」（見右頁專欄）。

停火行動

2006年，波士頓市的幫派份子之間出現了十分駭人的高凶殺率。為了終止這些暴力行為，傑佛瑞布朗牧師（Reverend Jeffrey Brown）提出了「停火行動（Operation Ceasefire）」主張，導致傷亡人數大幅下降。

布朗的策略是去找幫派老大，與他們分析這個行動可以具體帶來的正負面結果。當布朗與一個幫派老大討論停火行動時，那個年輕人回應說，他就是無法「說停就停」。布朗於是提出：「那如果只是暫時停戰呢？」布朗寫道：

> 所以我們在感恩節和新年之間設立了停火行動，並稱之為「和平季」……，我將他們約到一個小房間，提議了和平季的概念，並爭取他們的同意。這是我首次隱約感覺這可能行得通，因為有個年輕人站了起來，並說：「好吧，所以我們應該要在星期三的午夜，還是在感恩節的早上停火？然後我們在12月31日或1月1日才能開打，是嗎？」

這對布朗來說並非易事：

> 這對我來說是個很大的矛盾，因為我真正想說的是，「我一點也不希望你們開戰啊！」但我卻回覆他，「OK，你們在星期三晚上停火，然後可以在元旦之後再度開打。」你知道的，在道德上我如此質問自己：「我不敢相信你竟然告訴他們，

他們可以在一年的第一天之後開戰。」（Cuddy, p. 83）

但這個方法卻奏效了！儘管布朗有所遲疑，但還是試著「讓他們能建立和平且去感受：能夠安心出門，而不需要每5秒鐘就瞻前顧後，是什麼感覺」。換言之，他想要人們體驗到有機會能驅動他們持續這件事的正面經驗。（有趣的是，在古老的希臘，當奧林匹克比賽期間，大家都有停戰共識，而現代的奧林匹克賽事仍採取這種作法。）

我們很容易能從採取漸進式訊息及提出微小要求的方式，看到務實主義的價值。人們覺得踏出一小步比跨出一大步來得容易。如果我們基於理想主義而反對漸進主義（再此重申：我認為將動物權運動的處境與人權運動的處境做對比，通常沒有效益，應謹慎評估），可以回想一下布朗與幫派份子的實驗。他的策略不道德嗎？我真的不這麼認為。

反對減肉呼籲的論點 2
「如果要求減肉，人們就只會停留在減肉的階段。」

有人認為，當人們被要求踏出一小步時，他們最多就是完成它然後便停止了。毋庸置疑的，有些人可能會在完成第一步後就感到滿意而不再前進。然而，根據已臻完善的自我認知（self-perception）理論，

人類會藉由觀察自己的行為，而發展出相應的態度和信念。他們可能會為了動物或自己的健康而做出小行動，並根據自身的行為，開始視自己為關心動物或健康的人。**這讓他們較容易地採取進一步的行動，也較願意接受更困難的挑戰**（Freedman and Fraser）。

此外，研究告訴我們，多數人做改變都是採階段性的，只有五分之一的奶蛋素食者（這邊甚至沒有談及純植物飲食者）是在一夜之間由雜食轉為素食者，而有三分之二的純植物飲食者是從蛋奶素食者開始的（有關此研究的概述，請見 Cooney 2014, p. 60.）。

當許多人根本無意做出任何改變時，讓他們先邁出第一步是相當關鍵的。 因此，任何嘗試奶蛋素或純植物飲食的成功經驗，都顯得至關重要。

回想先前提及的無麩質現象。減肉策略的關鍵點在於，減肉族群越龐大，則這個社會在純植物飲食光譜上的前進，就會變得更加容易。即使大多數減肉者每週只願意幾天無肉，但光是這個舉動，就足以將整體情況引領至轉捩點。這些個體改變的集合，將造成整體社會的變化，使這些減肉族群或他們的後代，被更進一步推向純植物飲食光譜的彼端。

反對減肉呼籲的論點 3

「反正當我們要求人們吃純植物飲食時，他們再怎麼樣也會減少吃肉。」

如果我們要求人們採取維根生活，那麼至少是在傳遞真實想法，

而不是背叛我們的目標或動物——這是這個論點的出發點，認為如此呼籲，會更有機會讓人們順利地轉變為純植物飲食者。

如前面章節所述，在一般大眾裡面，只有一小部分人有意圖成為純蔬食者，所以我們可以假設這並不是一個能引起人們注意，並願意傾聽的訊息。而對於那些願意關注的人來說，有可能他們在聽到「採取純植物飲食吧！」或「吃素吧！」的訊息後，雖不會完全遵循，但可能仍會嘗試做一部分，而減少攝取動物性產品。**然而，如果在我們的「Go Vegan、採取純植物飲食吧、吃素吧！」訊息之後，再明確要求人們減量，那麼成功的可能性會更大。**這就是「以退為進」的技巧：我們先提出較為困難的要求，而後再加上較簡單的要求；而人們在拒絕困難的要求後，對簡單要求的接受度會增加。這種技巧顯然並非是要求人們全然採取植物性飲食的行動呼籲，因我們最後所要求的是減量。故反對提出減肉要求的純植物飲食者，想必不會想運用這個方式。

反對減肉呼籲的論點 4
「至少我們應該清楚，目標是純植物性的維根飲食。」

有一些純植物飲食者對於要求人們減少吃肉抱持開放的態度，但僅限於與明確的終極目標結合時。他們可能會說：「是的，你可以減量，但最終目標是完全的植物性飲食，以及創造純蔬食的維根世界。」這些人們對於強調道德正義，具有強烈的使命感，我將在下一章中探討使用道德論點的方法。然而以現在的情況來說，我不認為我們始終需用任何道德上或其他方面的要求，來傳達這個目標，它甚至可能適得其反。舉例來說，當試圖影響當權者時，直白地提出純植物維根世

界夢，可能會讓我們顯得天真而不可靠。

　　一些理想主義者會要求推廣組織的發言人在電視上接受採訪或參與公開辯論時，必須坦率且毫無保留，他們希望發言人大聲說清楚：他們想要終結畜牧產業，或者渴望一個純植物維根世界。

　　然而，對於某些組織或個人來說，直截了當地對數百萬人或重要決策者提出這個訊息，並不是一個好的策略。他們甚至可能會感到不解，為何連對手都看出了我們提出減肉呼籲的最終意圖（即使我們已為它包覆上了糖衣）的同時，許多推廣者卻在哀嘆我們的發言人或組織模糊了焦點，甚至「背叛了動物」（Winslow）。為了讓我的觀點更清楚，可參考美國國家牧牛人牛肉協會（National Cattleman's Beef Association）發言人的話：

> 週一無肉日是一個邪惡的陰謀，它利用說服美國人，吃肉對身體不好，也對地球不利，讓農民和牧場主人的事業關門大吉。透過要求美國人在週一停止吃肉這種陰險的方法，用看似合理也溫和的理由來推進極端的純植物維根時程表。（Williams 2012）

　　就我目前所知，這不是發起週一無肉日活動的組織的意圖，但的確是支持或參與週一無肉日的動物權和維根組織的目的。如果肉品產業能看出週一無肉日可能導致肉品消費被終結的危機，為何我們之中的某些人卻不行呢？（註 7）

「純植物飲食者和減肉者的差異，不僅僅是他們所消耗的食物量。」

相較於蛋奶素食者和減肉族群，純植物生活者也會避免蛋奶製品，且不會參與任何會利用動物的活動：不使用經動物實驗的化妝品、不支持以動物作為娛樂（例如馬戲團或動物園），以及其他會導致動物剝削的活動。即便如此，所有純植物生活者加總起來的影響，不會比減肉族群的整體貢獻更重要（尤其是當把奶蛋素食者歸類到減肉族群那一邊的時候更是如此，而很多純植物生活者常會如此劃分）。

另一方面，或許更重要的差異在於純植物生活者（和蛋奶素食者）比較有可能成為推廣者，並對其他人造成更顯著的影響。不過，**減肉族群也同樣很重要，他們也可能成為動物權或是減肉推廣者。**此外，純植物生活者的推廣效果，在定義上並未比減肉族群來得好。（請見第 5 章）

「但我當時立刻就做到了！現在轉換植物性飲食明明超簡單！」

我在前面已經談過關於這個反對意見了。純植物飲食者不應該把自己當成衡量的標準（請見第 5 章）。純植物飲食和用品目前都面臨選擇欠缺的狀況，在很多地方，人們仍需要很努力尋找純植物／零殘忍產品，動物性食品仍然是常見、自然且必要的。而當人們有絲毫轉換純植物生活的念頭（大多數人甚至不曾有過），大部分都會害怕遭

遇各種的不方便（註8）。而且要記得：**證據顯示，那些之一夕之間轉素的人，有更大的機率會大開肉戒。**此外，你真的確定你是一夕之間就轉變成蔬食者嗎？純蔬食者可能會罹患所謂的「維根健忘症」，似乎認定自己一直以來都是維根主義者，並且也忘了他們也可能是慢慢從雜食者一步步逐漸轉變來的，他們的轉變，可能是在童年或青少年時期受各種事件的影響所累積而來的結果。

將轉換純植物飲食或不使用動物商品試圖描述為輕而易舉的事，也可能會讓我們低估了營養方面的陷阱。《維根人生（*Vegan for Life*）》的共同作者——營養師維吉尼亞墨辛納（Virginia Messina）說：「當我們想要展現純植物生活實行起來毫不費力時，若並未談及關於營養的重要細節，我們其實會讓純蔬食者、尤其是新夥伴們面臨失敗。」

結論

在這個章節中，我探討了一些關於我們運動的聚焦點，無論是在個人和制度的改變，都應該聚焦在**漸進增量的行動呼籲**上面。如同英國的廢奴主義者並不擔心推行看似無法達到最終目標的計畫，我們也不需對務實地提出少於最終目標的要求，而感到憂心忡忡。

我們從無麩質者遇到的情況而獲得了靈感。因為許多「偶一為之者」（part-timer）或「偽裝者」（pretenders）創造了需求，使無麩質飲食成為一種趨勢。需求帶來供給，對麩質過敏的人（以及偽裝者）突然間擁有更多選擇，而找到無麩質的食品因而變得容易得多，且不再那麼令人怯步。同樣地，在我們的運動中，**比純植物飲食族群數量**

大得多的減肉族群，是市場的關鍵驅動者。他們創造了需求，如果採取純植物生活在今日是相對容易的，那我們必須要感謝這些尚未採取純植物維根生活的減肉族群。

許多人減少吃肉量，可能會成為翻轉系統的最快方法——利用讓肉品變得昂貴許多，來達到目標。因為**對肉的需求降低，會導致肉品業的補貼減少，植物性食品也會變得更便宜、更好吃、且更容易取得**。

我無法認同強烈的務實或理想主義論述，反對給減量的行動呼籲適當的關注。減量呼籲有其效益，至少不應該積極反對，如同減量呼籲的支持者也不該積極反對那些想要持續傳遞「採取純植物飲食吧！」、「吃素吧！」這類訊息的推廣者。

在下一章，我將探討動物權倡議者能夠用來幫助人們改變態度和行為的論述。在這個部分保持務實，同樣也是至關重要的。

03
論點
如何創造改變的動機？

「以行動型塑新思維，比空想出一套嶄新的行動方案，要來的容易得多。」
　　——傑瑞斯坦寧（Jerry Sternin），《*The Power of Positive Deviance*》*

　　在維根運動中，我們的目標是盡可能地讓愈多人跟我們一同住在維根村。目前，這些人們正舒服地在其他地方生活著。如我們所知，維根村位於一座山上，人們沒事不會跑到那兒去。一定得有某些事件發生，導致他們開始朝山上跋涉邁進。即使告訴他們只完成其中一段路程也沒關係，仍然需要某些動機來促使他們踏上這條路。

　　我較早之前寫到關於目標時，提到了純植物飲食者的雙重要求：我們希望人們因為特定的信念（對動物的道德觀）而展現特定的行為（不吃動物性食品）。

編註：書名直譯為《正向偏差的力量》，尚未出版中文版

就如同我們可以務實地要求人們做什麼（吃什麼），我們也可以務實地使用引發他們動機的論點。我們對道德意識的承諾，並不意味著我們應該堅持人們也必須因同樣的理由而改變，更不代表以道德一致性或嚴格性為基礎的倡議，必定是能引領我們邁向目標的路徑中，最佳和最快的康莊大道。

道德與非道德因素

　　驅使人們為動物而改變的因素，可以區分為道德與非道德的因素。多數自認為是維根運動一份子的人，不吃動物性食品是因為道德因素，他們通常具備一個信念，那就是非人類動物受折磨或作為食物被殺害，是不公義的。基於相同的準則，他們或許也進一步認為利用動物作為娛樂或進行實驗，也是錯誤的行為。

　　除了這些道德上的考量外，純植物飲食者也可能擔心環境汙染以及畜牧業對氣候變遷的影響。此外，飼養動物或種植作物做為飼料，也扭曲了食物系統，導致數百萬人挨餓。提到這裡，這兩個擔憂可能會被許多純植物飲食者當成「動物不應該被當工具利用」這個基礎信念的「非直接」理由。

　　在這些哲學基礎下，維根運動把大量精力放在以道德論點來影響人們態度和行為的做法，也就不那麼令人意外了。宣揚著食用或穿戴動物性產品是不道德，或至少在道德上有疑慮的訊息，在我們的手冊、電子信、雜誌以及網站和社群媒體上，占了相當大的篇幅；倡導者張貼各種圖文宣傳，以協助人們理解因他們的飲食等消費習慣而造成的

道德困境。我們出版關於動物權理論的書，並舉辦研討會來探討道德議題。我們在推廣運動及抗議活動中的標誌、口號，甚至是口中喊出的呼籲，都是喚起道德意識的用語。日復一日，我們透過胸章、貼紙和 T 恤，向人們傳達停止吃動物的道德訊息。

同時，有一大部分的素食者或純植物飲食者避免吃動物性食品，是因為他們相信這樣比較健康，這對於許多身處維根運動的人來說，又是難以忽視的真相。有些人吃植物性食物是因為另一半或其他家庭成員這麼做，或者因為動物性食品太貴了；有些人則可能是單純不喜歡動物性食品的口味、質地、外觀或味道。

有些人可能會認為這樣的動機缺乏對動物本身的關懷，因而對此嗤之以鼻或感到不舒服。確實，你可能會認為這些例子根本稱不上是維根主義，因為少了道德的觀點，就不能稱之為**維根**（以「植物性飲食」來描述，比較精確）。你可能覺得為了要達到永久的改變，必須要有道德動機或整體行為的轉變。你可能會譴責那些因非道德因素而避免動物性食物的人，並未避免其他方面的動物利用（例如娛樂、衣著，或使用牽涉到動物的其他消費性產品）。

許多純植物飲食者在本質上有這兩種想法：

1. 對於非道德的論點不具信心，認為它們是有問題的。
2. 相信道德論點將導致永久的轉變。

在這個章節，我要說明**這兩種觀點都不正確**。

我們推動的道德聚焦點

有時候，純植物飲食者高估了道德訊息所帶來的附加價值。以下是兩則來自社群媒體的代表性範例：

> 要達成我們理想目標的唯一方法，是宣揚一個健全而清楚的道德論述，也就是動物並非天生就該為人所用。這是我們對維根世界的期望，所能建立於其上的唯一基石，是唯一具策略或務實的事，也肯定是唯一的正義。

> 讓所有人觀看《地球上的生靈（Earthlings）》這部影片，在校園放映，然後大家都會在一夕間成為純植物飲食者。

我們當中的許多人往往抱持著未經證實的信念，認為道德論點能開創世上最偉大的革新。我們傾向於認定，當人類邁向道德進步，變革發生的最初及最主要的原因是有一群人提出了道德改善呼籲，而其他人也贊成。

歷史案例 1　美國蓄奴制的廢除

以實例說明，我們欣然相信美國和英國的蓄奴制消失，是因為人們再也無法接受他們的同胞們被奴役；而廢奴之所以成真，主要是因為正義戰勝了不公義，且改變了每個人。

以下則是來自於某線上討論的另一個例子：

> 過去，大部分的美國人，尤其是在南方各州的美國人，非常贊

成蓄奴制度。有些南方的莊園甚至在經濟上十分倚賴這些奴隸……僅僅因為 99% 的人們都贊成吃動物食品，而且開心地吃著動物，也不會絲毫減少它在道德上的不正當性。因此，將所有精力放在徹底翻轉文化基本信念上面——會幫助人們意識到動物剝削在道德上是錯誤的。

雖然沒人可以聲稱**道德上的義憤填膺**對於廢奴運動來說並不重要，但它**既非奴隸制度被終止的唯一因素，也非其主要原因**。一方面，從北方開始逐漸發展的工業革命，使人力相較於自動化變得較為昂貴且不便。因為即使是奴隸也必須被安置和供應飲食，故奴隸制並非完全不需成本；另一方面，當時美國南方經濟命脈仍以農業為主，生產力幾乎來自於黑奴，其不僅在廢奴議題提出爭論，更為了避免受北方勢力影響而宣布退出聯邦，血腥的內戰（南北戰爭）隨之而來。最終，南方被在經濟上較不依賴奴隸的北方所擊敗，美國國會後續也才通過了廢除奴隸制度的修法。

諾姆菲爾普斯如此記載著：

美國的奴隸制度是由美國政府發起的一場戰爭所終止，且它曾經獲得一般大眾和北方企業資本家的支持。這個事實舉世皆知，每個高中生都學過這段歷史。但視煽動和抗議為唯一能有效達到動物解放目標的動物權利倡導者，卻普遍忽略了這個歷史借鏡。（p. 171）

菲爾普斯的評論很耐人尋味。如果他是對的——而我認為他的確是——為什麼這麼多人忽視奴隸制並不是以他們認為的方式而終止的

事實呢？很顯然，我們多多少少想要或必須相信，這種類似廢奴的革命之所以發生，必定或主要是來自於人們的道德覺醒。這種想法體現了維根動物權者的倡導趨勢，即**他們希望人們停止剝削動物的原因，是因為關心動物。**（還記得「雙重要求」嗎？）

歷史案例 2　商業捕鯨暫停令的頒布

　　蓄奴制並不是唯一受非道德因素驅動而終止的例子。1986 年，國際捕鯨委員會（International Whaling Commission, IWC）頒布了商業捕鯨暫停令。如果自 19 世紀晚期以降，鯨魚在商業上的重要性並未大幅衰退，那麼 IWC 可能無法做出這個決議。鯨魚，尤其是抹香鯨，曾經是一種重要的能量來源，被萃取出來的鯨油，主要被用來作為油燈的燃料，也被用於加熱、肥皂、油漆和其他產品中，導致無數的鯨魚因此被殺害。

　　1849 年，一位加拿大的醫生暨地質學家亞伯拉罕葛斯納（Abraham Gesner）發明了煤油，它是一種從煤炭、瀝青（汽油的一種形式）和油頁岩製成的液體。不像鯨油，煤油不臭也不髒，不會變質，且最重要的是，生產煤油比鯨油來得便宜。隨著煤油蒸餾室如雨後春筍般出現，及煤油商業化之後，對鯨油的需求驟然消失，（諷刺的是，當愛迪生將其燈泡技術商業化之後，煤油的銷售也崩盤了）捕鯨業持續銷售了一陣子被用於束腹及其他服飾的鯨魚骨，然而，這種材料也很快地被其他材料所取代。最後，這個產業就此沒落。

　　不論是出於道德或非道德因素，葛斯納顯然並未嘗試推動禁止捕鯨，然而結果卻是相同的。美國最後一艘捕鯨船在 1924 年離開港口，

並在隔天就被帶回，（Robbins）在五十多年之後，在大多數國家推動禁止商業捕鯨變得多麼容易呀！

歷史案例 3　鬥牛禁令的通過

以下是另一個造成了社會改變，但並非倚賴科技發展的例子。被稱為西班牙自治區的加泰隆尼亞（Catalonia）於 2010 年禁止了鬥牛。動物權利組織多年來持續高喊著「折磨並非文化（torture isn't culture）」，但單是訴諸道德上的憤怒並未遏止這個特殊的動物虐待形式，通過此禁令的動機有部分是出於政治目的。很多加泰隆尼亞的民族主義者，對於他們認定為西班牙傳統習俗的消失，感到相當高興，禁止鬥牛等同於獨立聲明，是打破西班牙文化和習俗的象徵，這些情懷使許多加泰隆尼亞人投票贊成禁令。（註9）

在投票的那段時期，會出席加泰隆尼亞鬥牛活動的民眾已經減少，而且主要只有較年長者仍然看似享受這個活動。人們可能因為在道德上對鬥牛感到不安而對這個活動敬而遠之，但我們不應假設這是唯一的理由：當時可能已有其他更容易獲得且更具吸引力的娛樂形式。在任何情況下，**當某件事無利可圖，在經濟上也不具重大效益時，那麼抵抗其終止的力道顯然會大大降低。**

覺知被高估了

　　顯然，道德覺醒之外的因素，在終止習俗或抵制人們認為應受譴責的觀念上，扮演了重要的角色，反過來說，以道德論點提高覺知並不夠，並且可能不如倡導者希望或預期的那樣有效。大多數運動份子和改革者的行動通常是依據這樣的基本概念：當我們向人們提供正確的資訊時，他們就會改變行為。純植物飲食者的狀況則是，我們相信如果人們意識到，折磨並殺害動物以作為食物是錯誤的，他們就會得出明顯的結論並停止吃動物性食品。

　　並不是只有運動份子會這麼想，心理學家長期以來也一直認為顯然是態度影響了行為，然而，他們從研究中發現，這個連結比原先設想的還要薄弱得多，而且受到諸多因素影響。（Hewstone et al., Holland et al., Kraus, Wicker）（註10）現今，社會科學家和心理學家已經達成共識，單純提供資訊並不能改變人們的行為：這就是「態度—行為差距」（attitude-behavior gap）。如果我們能夠突破人們不願意傾聽或聽不到我們訊息的障礙，如果我們的訊息能在每天數以百計朝人們轟炸的訊息中勝出，順利傳遞到他們面前，那麼在最好的情況下，他們可能會接收到，並相信我們的訊息是真的、正確的。但那並不一定會促使他們採取實際行動，而實際行動正是產生實質影響的必要條件。

　　這個態度—行為差距的例子之一，是由哲學教授艾瑞克斯維茲格貝爾（Eric Schwitzgebel）所提出，他對倫理學教授進行了行為研究。（Schwitzgebel and Rust）斯維茲格貝爾教授發現這些可能被認為具有強烈的道德一致性，或了解道德準則和後果的人，與其他教授的行為

並沒有任何不同，他們也沒有比其他人過著更符合自己信念的生活。斯維茲格貝爾甚至檢視了令我們感興趣的主題：吃肉。儘管倫理學教授更有可能認同習慣性吃哺乳類的肉是錯誤的行為（百分之六十，相較於非倫理學教授的百分之四十五，以及道德哲學領域外教授的百分之十九），但這些倫理學教授中，蔬食者的比例卻沒有比較多。

		倫理學教授	非倫理學教授	道德哲學領域外教授
態度	認同習慣性吃肉是錯誤的行為	60%	45%	19%
行為	蔬食者比例	**沒有太大差別**		

斯維茲格貝爾如此記載著：

有位倫理哲學家考慮著，吃工廠飼養的哺乳動物肉，在道德上是否是允許的。她讀了彼得辛格（道德哲學家兼《動物解放》的作者）的書、閱讀了反對意見，並向辛格提出回應，她的結論是：吃肉事實上是道德敗壞的行為，她在她的應用倫理學課程中講授這些資料，甚至還會撰寫相關文章。然而，她沒有改變行為以符合自己新的道德觀點，而選擇保留了舊有的行為。她在課堂上講述了辛格為素食主義的辯護，由外而內都顯現出對它的贊同，然後前往學校的餐廳，點了一份起司漢堡（或許會對此而感到有些抱歉）。（Schwitzgebel）

這些教授們乃是「在道德上反對，但並非在行為上反對吃肉」（Herzog, p. 201），素食者和純植物飲食者很容易忍不住批評這些人偽善、意志薄弱或虛假。然而，**與其批評他們漠不關心或者自私，不如去檢視他們為了維持道德的一致性而遇到的困難及不便，或者他們所需要克服的恐懼，可能會對改善情況來說更有幫助。**

此時，如同吃肉的倫理學教授一般，這些人們可能經歷所謂的**認知失調**（cognitive dissonance）（Festinger），也就是當某個價值觀或信念（「我關心動物」）和某個行為（「我在吃動物」）彼此互相抵觸。（這種衝突也會發生在不同的價值觀、信念或觀點之間）這樣的失調顯然令人不快，我們會希望避免這種感覺。此時我們有幾種選擇：也就是所謂的「**降低失調策略**」（dissonance reducing strategies）（Rothgerber）。

1. **改變行為**：少數人會透過讓他們的行為與價值觀或信念達成一致，來解決這種不適的感覺：即轉變成為素食者或純植物飲食者。
2. **改變信念**：然而大多數人則不太願意改變他們的行為，尤其是在改變行為將帶來顯著不便時。這些人會透過做相反的事來解決這種不一致：他們會試著去改變信念，使其能與他們的行為一致（吃肉）。人們試圖，而有時也成功地將謊言和片面事實合理化：「那隻動物是在很短的時間內死亡的」「他們就是被飼養來吃的」「他們的感覺不像我們那麼豐富」「我們必須吃肉」……以及「三大合理化」理由。（吃動物是正常、自然、必要的）
3. **假裝無知**：處理這種不適的第三種方法，是竭盡所能去避免最不舒服的部分或我們行為所造成的衝突。詹姆士瑟普爾（James Serpell）

談到了所謂的抽離策略（distancing devices）。我們將自身與所吃的動物隔開，避免與他們在情感上的親近；我們將畜牧工廠和屠宰場隱藏起來；我們曲解動物以便更輕易地剝削他們（Serpell）；或我們可能單純試著去忽略這個問題，裝聾作啞——也就是所謂的「假裝無知」（"affected ignorance"）（Williams 2008）。

態度改變可緊接在行為改變之後

改變我們的信念顯然能夠導致行為上的改變，只是，其中的連結性比我們所預期的要來得薄弱。然而，純植物飲食者往往忽略了改變能以另一種方式進行的明顯事實：**改變行為也能導致態度的轉變**，如同圖 10 所示。

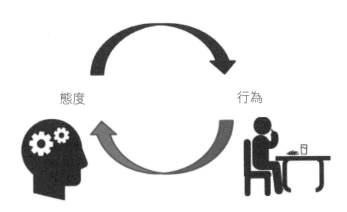

態度　　　　　　　行為

圖 10：產生改變的兩個起點

已故的耶魯大學心理學家羅伯特艾柏生（Robert Abelson）說：「我們訓練有素，非常善於為我們所做的事找理由，但卻不善於做我們已知合理的事。」（p. 25）。從以下幾個例子，我們能更清楚地看到一個人的行為是如何影響他們對某事的態度與信念。

　　當民主政府實施一項新的法律時，通常是因為有足夠的大眾支持法令的通過。然而，總會有人（有時人數還很多）不支持該項法律。但根據定義，如果該法律適用於他們，他們就必須服從或冒被處罰的風險而違法。然而，這種強制性的行為改變，隨之而來的可能會是態度的轉變，故即使是最初反對該項法律的人，最終也會接受它。

範例 1 繫安全帶、禁菸修法

　　相當經典的一個範例是繫安全帶的修法。民調顯示，許多最初反對繫安全帶的人，後來都支持強制使用（Fhaner and Hane），可以想像相同的轉變也發生在禁止公共場所抽菸的情況上。一開始，該禁令在許多國家引起了反對及憤怒，而今，許多人很難相信或根本不記得，過去人們曾經可以在大學或醫院裡抽菸，甚至教師們也能在學校內抽菸，那些曾抵抗反對的人當中，許多人後來發現法律的改變是好的。

　　以下是另一個由行為改變導致態度轉變，而非由態度轉變導致行為改變的範例。

範例 2　人們對鬥牛士 VS. 屠宰場工人的態度差異

圖 11：誰是一般受眾最感憤怒的對象？

　　想像一下，這裡有一位鬥牛士和一位屠宰場工人（圖 11），他們都靠屠殺牛隻維生，但我們對其工作的反應卻截然不同。我們多數人對於鬥牛士的憤怒程度，會比對屠宰場工人來得大。原因何在？可能是因為鬥牛活動被視為娛樂且輕佻，而許多人卻相信宰殺牛隻作為食物是必要的——即使如此，追根究柢來說，吃肉造成的傷害並不比娛樂來得少。同時，鬥牛發生在公開場合，而大眾卻未能親眼目睹經濟動物被屠殺的過程。

　　人們之所以會較嚴厲地批評鬥牛，更根本的原因是在某些國家以外，極少有人參與這項「運動」，這讓人們更容易去譴責這個活動。然而，我們多數人都吃肉，此時要去譴責一個你所沉迷或共同參與的行為，就非常困難了。換言之，位置決定立場。只要我們吃肉，我們

就是肉品利害關係人。我們對肉品的倚賴之深，導致它幾乎妨礙了我們的理性，讓我們改用胃來思考了。

範例 3　食肉行為研究

我們的行為如何影響信念和態度的另一個範例，從標題為「食肉行為否定了肉用動物的道德地位以及意識存在（The Role of Meat Consumption in the Denial of Moral Status and Mind to Meat Animals）」（Loughnan et al.）的研究中可見一斑。透過問卷，參與者必須指出他們對動物的道德關注，並評判牛隻的道德地位和心理狀態。此研究進行的做法：研究人員讓一半的參與者食用牛肉乾，而讓另一半參與者食用堅果。研究人員發現，吃肉降低了人們對關懷動物的認知義務，並降低對牛隻道德地位的認知，此外，那些被提供肉類的人，較不認為動物具有經歷痛苦的意識。研究人員得出以下結論：

> 目前的研究中有直接證據顯示吃肉會導致人們對一般動物及所食用的動物的道德意識降低……吃肉的行為似乎讓人們對於肉用動物的感知，產生了重大的影響，這樣的人不會認真檢視道德層面，並且缺乏體驗痛苦的同理心。（Loughnan et al.）

不難想像這樣的動態平衡不只發生在個人身上，也發生在社會和文化層面：我們並非因為認為動物較低等才吃他們，而是因為我們吃了動物，故視其為較低等的物種，而且對這種認知維持了很長一段時間，如此看待動物也是降低不愉悅（不一致）情緒的另一種策略。

範例 4 被壁蝨叮咬而對肉品過敏的女士

以下是另一種不同類型，同樣描述行為影響態度的例子。

2016 年 10 月，播客（podcast）廣播實驗室（Radiolab）播放了一集名為「Alpha Gal」的影集，介紹了艾咪波爾（Amy Pearl），她是個數位廣播的製作人。艾咪波爾描述當她吃了肉而生重病之後，她開始對一種稱為 α 半乳糖（alpha galactose，簡稱 alpha gal）的糖產生過敏，這種成分存在於哺乳類的血液中，因此也存在紅肉裡，是一種壁蝨引發了這種突發過敏，它讓數百人產生了相同的反應。

艾咪解釋了從前她對吃肉是如何地沉迷。肉丸曾是她的最愛，她也喜歡在牛排館用餐，突然開始對（紅）肉過敏，這對她而言一點都不有趣，她也抵抗了好一陣子，甚至在一次的烤肉季中，她因為堅持吃了幾口烤牛肉而被送進醫院急診室，然而，這個影集結束時，艾咪說明了她現在對吃肉的感覺：

> 我不認為我一定得再回去吃肉……我希望我是因為道德因素而成為素食者……是因為工業化養殖及這類的事情……當然，我是被迫不能吃肉的，但與此同時，如果有足夠的意志力，我可能也會這樣做。而且，我認為這樣很棒：我們都在這個處境愈來愈艱難的星球上持續進步，我們知道肉類消耗了非常多資源，而現在的我不再參與這件事了。所以這隻壁蝨幫助了我進步為一個更好的人。（McEwen and Kielty）

這隻壁蝨是導致艾咪行為改變的啟動因素。**她被迫的行為改變，讓她更能敞開心胸去接受不吃肉的好處，並且明顯影響了她的態度。**

範例 5　始於非道德因素的行為改變

　　最後一個關於行為會影響或優先於信念的例子，與我們的目標最相關。有很多人因為健康因素而減少或避免吃肉和其他動物性產品，接著會把道德因素列入導致他們行為改變的原因。在這種情況下，改變始於某種非道德因素（對健康的關注），導致了行為的改變（轉換為不同的飲食方式），這似乎敞開了對動物態度轉變之門。

　　根據一項研究指出，**在過去因為健康因素而轉換至純植物飲食的奶蛋素食者中，大約有百分之二十五的人視道德因素為他們目前的轉換動機**（Hoffman et al., p. 142）。另一名研究者提出關於動機改變的描述：「很多時候，健康導向的素食者開始接受反對吃肉的道德觀點，或只是變得不喜歡吃肉」（Hamilton, p. 160）。在生活中你可能會認識一些純植物飲食者，或者你自己就是其中一份子，這些人不再吃動物性產品是因為他們關心自己的健康——不管是一般考量或是例如心臟問題的緊急狀況——接著他們就會信服於道德論述（Cooney 2014, pp. 74-75）。

　　當行為改變導致態度轉變，其中到底發生了什麼事？如同我們已知，認知失調理論可能可以提供一部分答案。在這個情況下，降低失調的策略包含改變態度，如此一來就可以與行為互相吻合。舉例來說，當人們於法必須繫安全帶，但實際上卻不喜歡這樣做時，他們解決這種衝突的唯一方法，就是開始去認同這個觀念。另一個可能的解釋是，當人們以某種方式行事時，無論出於何種理由，或甚至沒有理由，他們都可能意識到，這些行為並不如預期的複雜或不便，這使得他們更容易看到新行為帶來的好處：例如繫安全帶將讓乘車更安全。

　　讓我們將此概念轉換到維根主義的領域。當人們真正去傾聽關於維根主義的道德論述（而通常我們甚至未達到該層次的溝通），他們知道如果認真看待那些論點，就必須改變自己的行為。但他們並不想改變行為，因為擔心將面臨不便，也憂慮往後再也無法享受美食佳肴。（你可能聽過有人說他們不想看《地球上的生靈》這部片，因為看了之後就得吃素啦～）而**一旦人們體驗到這個行為（食用純植物性餐點）並沒那麼困難，且甚至是愉快的經驗，那麼人們的防禦心就會下降，對道德論述的開放性會提高，而惻隱之心也會開始萌芽。**突然間，接受動物權概念變得容易許多，這些事實也不再那麼具有威脅性。

　　我們先前提過的自我覺知理論，也可能有助於解釋行為對人的態度有何影響。該理論指出，**人們可以通過觀察自己的行為來發展對某些事物的態度。**舉例來說，如果吃動物這件事變得非常不方便且昂貴，人們就會吃得較少並開始認為自己是那種很少吃或不吃肉的人；他們甚至可能會編出關於自己一直想少吃肉的故事。換言之，**我們會堅持我們所相信的，也可能會相信我們所堅持的事**（Meyers, p. 116）。

談動機推理；或說，為何事實無法改變我們的想法？

　　就目前在本書上所讀到的部分，你可能會得出一個結論：理性證論的價值和事實是相關的。不管是吃肉還是吃植物的人，除了必須對抗舊有的觀念和期望之外，心智還很容易受各種錯覺、謬誤、偏見及其他條件反應（conditional responses）的影響，讓我們無法清楚地思考。**在許多、或大部分案例中，人們似乎並沒有進行理性論證，以查明事件的真相，卻寧可反其道而行：利用事件來捍衛自己原先已抱持的想法或直覺。**看來我們推論的能力，發展成了自我合理化以及與他人連結的方法，而非成為探究事實的工具（Haidt）。「推論能力的發展並沒有讓我們解決抽象、邏輯性的問題，或幫我們從陌生的資料中得出結論；反倒是用來解決生活在群體之中所遇到的問題（Kolbert）。

　　多數時刻在我們腦中運行的思維方式，也就是心理學家所稱的「動機推理（motivated reasoning）」：心智會為我們先入為主的直覺或行為尋求辯護或合理性。**相較於以開放的心胸去接納各種證據，更多時候我們想得到的結論是：我們無需去做或改變任何事。故我們蒐集各種可以為自己所偏愛的結論背書的理由和意見。**當處於「動機狀態」（motivated state），我們會被驅往某個方向，置身其中並緊緊抓住這些理由，以證明那些由我們習慣和欲望所形塑而成的喜好是合理的。

　　動機推理既不理性，也不客觀，且通常導致有問題的結果。當人們處於某種動機狀態，他們可能會避免或漠視那些相關但卻令人困擾的訊息——也就是**事實**。在一個研究中（Piazza and Loughnan），研究人員與參與者介紹在其他星球新發現的虛構動物品種，名為「特拉布

蘭斯（trablans）」。當特拉布蘭斯被描述成聰明的生物，比起被描述為不太聰明的生物時，人們會傾向對這個動物顯示更多的道德關注。然而很有趣的是，在另一個研究中，豬和貘也被說是聰明的動物。但不像貘和特拉布蘭斯，人們卻吃豬，豬隻的聰穎之於人們對豬的道德關注較不具影響。換言之，豬隻的聰明才智被策略性地忽略了。你可能已經猜到，這同樣是行為影響態度的例子。

總結一：允許所有的理由

這個章節包含了壞消息跟好消息。壞消息是，許多倡導者可能已經意識到了一段時間，但卻也一直拒絕面對的事實：覺知被高估了。好消息是，改變也可以從行為開始，而人們可能由於其他原因改變了行為，進而開始關心動物。

讓我們將這些見解與上一章中所了解到的內容相結合，並檢視其對維根主義和動物權利倡導的具體含義。

第一個總結是：我們可以使用任何可以幫助人們改變行為的非道德論點。健康、環保和其他觀點，都可以是人們開始朝著維根主義光譜前進或採取純植物飲食的完美動機，我們應該期待一旦人們在行為上做出某些改變之後，將能以更開放的態度去接受道德論述。

當我們思考從先前章節所得到的結論：創造大量的減肉者可能是改變系統最快速的方法，這些非道德的論點就變得愈發重要。綜合這兩個章節所得到的結論：**使用能夠吸引許多人減少肉類消耗的動機，是至關**

重要的，而對健康的考量，是減肉者減少吃肉的主要原因（Cooney 2014, p. 76）。其他原因則包括環境，以及對於改變和嘗試新事物的渴望。對動物福利的擔憂，並不是減肉者的首要考量（Faunalytics 2007）。

表1　減肉者減少肉類消耗的五大主因

排名	減肉因素	百分比
#1	整體健康	37%
#2	脂肪及膽固醇	24%
#3	減肥	16%
#4	比較便宜	11%
#5	不喜歡肉味	3%

說明：將近有四分之三（77%）的減肉者，將健康或減重視為其主要減肉動機（Faunalytics 2007, Advocating Meat Reduction and Vegetarianism to Adults in the U.S., p. 33）

　　最終，我們仍會需要人們去關懷動物，對動物的利用及虐待是當代最嚴重的道德迫害，我們想要提升覺知，並讓人們視非人類生物為不應被剝削的個體。對許多純植物飲食者而言，任何忽視這個概念的訊息都是有問題的，因為它似乎並未引起人們的道德關注。這些純植物飲食者堅持：若我們不去談論道德的嚴重性，人們永遠無法理解其中潛藏的力量及剝削將導致虐待的發生；只要人們未意識到這種情況，就會不斷複製出新的不公義。

　　我想說的是，儘管我同意**動物權利倡議不只需要改變人們的行為，也要改變他們的思想和觀念**，但並非得從讓人們意識到問題開始，如同人們啟程前往維根村的初始動機，並沒有那麼重要一樣。取決於場

合、媒介或目標受眾的不同，在某些情況下，我們可以或應該將關於動物倫理的訊息移至幕後，有時甚至完全忽略，允許人們因各種理由、甚至毋須任何理由而體驗蔬食。

在純植物飲食者尋找新型態人種的過程中——也許是 Homo empathicus *——如果人們的新道德觀是在行為改變之後形成，而非先於或導致行為改變，那也是可以的。這是我們在推廣運動中更應該開放去接受、去發掘並多加利用的機制。不只是動物不在乎我們屬於哪一種純植物飲食者，更重要的是，無論出於何種原因開始的每一個人，都可能成為「對的」純植物飲食者。

採用健康、美味、環境以及其他原因，不僅可接受，並且值得讚許。運用各種原因將使我們有更多機會去吸引到每一個人，包括那些對動物的關注不足以改變他們態度或行為的人。更聰明的作法是將我們的訊息與人們已經擁有的價值觀做結合，而不是告訴他們應該擁有什麼價值觀，這多半意味著堅持要他們具備我們的價值觀。

另一個不要過度強調道德論點的理由，是除了這種做法並不總是有效外，它也可能適得其反。人們對說服都會產生抗拒心理；不喜歡被別人說教。一項對素食者態度的研究顯示，在受訪者想像素食者對食肉者的道德批判後，對素食者的態度分數會較為負面。作者表示，他們的研究「記錄了道德少數的反彈，而這個反彈可以回溯至主流人士對受到道德批判的不滿」（Minson and Monin）。

译註：作者虛構的生物學學名，意為：具同理心的人

此外，當我們要求人們改變信念並接受我們的意識形態時，他們所看到的重點會放在這個改變本身，遠多於他們對自身行為或健康方面的關注。研究人員漢克羅斯蓋博（Hank Rothgerber）指出，與為了擁護健康的蔬食者相比，道德蔬食者會運用更多的降低失調策略（dissonance-reducing strategies）。在第 5 章，我會談及一些溝通與說服的心理面向。道德倡議有其弊端，謹記這點將對我們有所助益，也給了我們另一個去欣賞其他動機的理由。

● **道德倡議者的反駁論點**

雖然我絲毫不建議捨棄道德論點，但我很清楚人們對於被低估或專注在其他推廣論點的做法會感到在意或者懷疑。讓我們來探討一些反對意見。

道德倡議者反駁論點 1
健康論點是否導致更多的雞和魚受苦呢？

有些純植物飲食者──其中有我非常尊敬且通常認同的人──認為我們只能使用關於動物的論點（殺害、折磨、公義或任何以上的組合）。他們相信，其他的論點會適得其反，且無論在短期或長期都不會達到預期的效果。他們最普遍的擔憂是，養雞或捕魚並不像養牛來食用那般，被認為具有生態破壞性或不健康，因此利用環境和健康論點可能只會讓人們從吃紅肉轉變為吃雞和魚（雞不像牛會因為腸道發酵而製造溫室氣體，他們提供了相對有效率的飼料轉換率）。該論點認為，這樣的飲食轉換意味著有更多的動物受苦，因為需要數百隻小動物才能提供相等於一頭牛的肉量。

我同意這是一個真正值得關注的問題，我們應該小心考慮這個「替代效應」。但請容許我提出一些需要考量的角度。

首先，研究及市調未能證明「減少吃紅肉者會去吃更多的雞肉」。

一項由人道聯盟（The Humane League）在 2014 年進行的研究指出，減少或避免吃紅肉者實際上少吃了很多雞肉，且只比吃標準飲食者稍微多吃一點魚（Humane League Labs, p. 5）。

動保影響力研究會（Faunalytics）針對曾為蔬食者的人們做了調查，發現在這個群體中，那些避免吃牛肉和／或豬肉者，並沒有食用更多的魚或雞肉（Asher et al. 2016a）。

檢視了數個研究後，尼克庫尼（Nick Cooney）也作出以下結論：「看來，將紅肉摒除在飲食之外的人，最終並不會去吃更多動物。」（2014, p. 110）

另一方面，麥特波爾（Matt Ball）在《*The Accidental Activist*》（pp. 188-89）書中引用了數個來源，指出飲食從紅肉轉變到雞肉的情況的確會發生。

因此我們得出的結論是，這個問題在現階段尚無明確定論。

其次，成為蔬食者的過程並非總是線性。

我們可能會想要從長遠來看，人們決定從吃紅肉到吃雞或魚肉的轉變。雜食者立即增加了雞肉或魚的攝食量，並非是刻意堅持要吃動物，而可能是開始在飲食中納入更多蔬食的連續步驟。進展並非總是線性的。可以想像這種情況：比起一般雜食者的孩子，若父母具健康

意識（可能比一般的雜食者吃較少的牛和豬，但較多的雞和魚），則孩子將更有可能成為純植物飲食者。

第三，搭上社會關注議題的順風車，仍可加入動物權訊息。

當前的狀況是，健康和環保組織都正在談論從紅肉到雞和魚的轉換。對我們的運動來說，重要的是要盡可能地利用這些健康與環保的論點，並使其也能利益到禽鳥和魚，我們沒有理由不去同時運用健康和動物論點。

在某些情況下，我們會對某些聽眾強調健康與環保論點，也還是可以談及我們對於折磨和殺害雞和魚的考量，我們可以有效率地傳遞我們的訊息，說這不僅關係我們的健康，也關乎他們的性命。

我們絕對不應該做的是：將動物論點視為正確、利他的論點，而將健康論點貶為「自私」。想要保持健康並沒有錯；事實上，這可能讓我們有更多的精力來幫助他人，而且，這些論點可發揮交替作用。很多養殖場裡的動物因為飼養條件的限制及擁擠而生病，而那些病菌及疾病（大腸桿菌、曲狀桿菌、沙門氏菌、禽流感以及其他疾病）可能對人類構成直接威脅。

另一個與健康論點相關的考量是，有些純植物飲食者誇大了健康方面的效益，將純植物性飲食描述為能治癒所有疾病的神奇療方（包括心臟病、肥胖、糖尿病），甚至是符合所有營養需求的最簡易處方——我稱之為「維根狂熱（vegalomania）。純植物飲食的確被證實為具有健康優勢，營養師如布蘭達戴維斯（Brenda Davis）、維吉尼亞墨辛納（Virginia Messina）、維珊多梅琳娜（Vesanto Melina）和傑克諾

理斯（Jack Norris）等也提供了充分且堅實的科學證據來支持這些優勢。然而，若不希望人們因未經歷到純植物性飲食者承諾的神奇轉變而放棄，那最好還是不要誇大植物性飲食的療效。

道德倡議者反駁論點 2
非道德論點會比較不穩固嗎？

　　如同我之前所提，動保影響力研究會（Faunalytics）在 2014 年所做的廣泛研究顯示，美國素食者和純植物飲食者中，有百分之八十四會在某個時間點放棄蔬食飲食習慣，若我們只看純植物飲食者的數據，中途放棄的數字還是有百分之七十（Asher et al. 2014）。我會在本書的最後一章更詳細地討論如何預防或降低這種中途退出的現象，在這裡，我先簡短地討論這個比例與非道德動機的關聯性。

　　在該研究的受訪者當中，絕大多數的現任素食者和純植物飲食者（百分之六十八）將「動物保護」作為他們成為素食者或純植物飲食者的原因之一；相較之下，只有稍高於四分之一（百分之二十七）的前素食者或純植物飲食者是如此認為。相反的，健康動機對於現任（百分之六十九）和已放棄的素食者或純植物飲食者（百分之五十八）卻是很相近的。雖然這個研究僅能說明轉換動機和中途退出的關聯性（相對於因果關係），且這種自陳式資料有其侷限性，但值得注意的是「動物保護」這個動機的數據差異，可能暗示著道德動機比健康動機提供更佳的續航力。

　　有些人從這項研究得出的結論是，保護健康並不是一個我們在推廣時應提出的好理由，我們應該始終致力於以道德論點來進行倡導，而我當然不同意這個結論。

★單一論點（包含動物保護）不足以讓多數人維持蔬食習慣

如果我們只能選擇一個論點，那麼很顯然道德論點的續航力是最強大的，這的確是成為百分之百的素食者或純植物飲食者的唯一動機。然而，在一個樣本數較少的研究中，**即使是將動物保護勾選為飲食轉換動機的受訪者中，也有不低於百分之七十的人回頭成為雜食者**。這個數字明顯低於純粹將健康因素視為轉換動機，而後又放棄的百分之九十五，但這也顯示了動物保護的理由仍不足夠。尼克庫尼在檢視其他研究後所得出的結論也表示，儘管道德素食者和純植物飲食者可能對飲食轉換堅持的時間較長，但似乎沒有太大差異（2014, p. 91）。

★健康論點與中途退出有關，但同時也讓更多人開始採取蔬食

更重要的是，這些數字並不能證明健康論點是有害或無效的。這項報告的作者寫道：「雖然健康動機與大部分的中途退出相關，但仍要注意有更多人抱持著健康動機。這意味了即使健康因素會導致更多的中途退出，但健康相關的訊息仍有助於鼓勵更多人開始採取這種飲食」（Asher et al. 2016a）。如果健康動機和從健康角度進行的溝通更適合在初期吸引更多人，那誰會隨著時間發展而成為道德蔬食者呢？如先前曾述，有跡象指出，為數眾多的健康素食者在日後可能發展為道德蔬食者。

★放棄蔬食習慣的人，可能同時也會修改自認的轉變動機

在回溯有關動機的問題時，前素食者和純植物飲食者很可能會對先前的動機輕描淡寫；現任素食者和純植物飲食者則可能勾選比最初還要更多的動機。就如庫尼所說的：「不管有多少人在吃素的時候是關心動物的，回頭去吃肉的人可能會改口說他們不是那麼地在乎動物」（2014, p. 89），這種現象可以再次用認知失調理論來解釋。

★大多數人的飲食轉變來自於多重原因

從目前的研究來看，我們無法得出健康論點無法成為穩固動機的結論，尚需待更多研究來探討，有些人認為要拋棄健康論點，根據我們現在的了解，似乎不太明智。動保影響力研究會研究人員總結：「大多數現在或過去曾經採取素食／純植物性飲食的人，都是因多重理由才會做出轉變」（Asher et al. 2016a）。

★僅少數前蔬食者，現在經常吃肉（可視為減肉族群）

順道一提，這麼多人放棄蔬食的事實，對純植物飲食者來說並不像聽起來那樣令人沮喪。首先，這意味著純植物飲食者人數增加的潛力，會比目前的百分之一或二還要大得多；其次，許多前純植物飲食／素食者會有興趣再次選擇這種飲食。根據一項研究，**只有少數前素食者或純植物飲食者說他們現在經常吃肉**（Haverstock and Forgays）。一般前素食或純植物飲食者，可以被視為減肉者或甚至半素食者（Asher et al. 2016a），而現在我們已了解到這些族群有多重要。即使健康素食者並不會持續堅持這種飲食，但多數時候會這樣吃，且我們可以輕易地「創造」更多的健康素食者，這個論點也將有助於促進健康益處（Asher et al. 2014）。

★ 59% 前蔬食者表示：極有可能再度採取蔬食飲食

在同一個研究中，超過三分之一（百分之三十七）的前素食／純植物飲食者指出他們有意願再度回復素食／純植物性飲食。在這些人當中，有超過一半（百分之五十九）的人說他們可能或非常可能這麼做。對有表達出再次採取蔬食飲食意願的人來說，健康因素似乎是他們的首要動機。

★前蔬食者已造成需求並影響了市場

最後，至少在他們是素食者或純植物飲食者的那些歲月，這些前素食者影響了市場，透過需求的增加而創造了市場，並拯救了許多動物免於痛苦。動物慈善機構評估研究會（Animal Charity Evaluators, ACE）認為素食者平均維持吃素的時間，估計最多約 7 年。

總結二：讓事情變得更容易

【結論一】

　　我們應該允許並與所有可能的動機共同運作，包括健康、永續性和美味，讓人們得以開始不同的飲食方式。

【結論二】

　　繞過論點和動機，我們也應該聚焦在創造一個有利於行為改變的環境，反過來促進態度的轉變。

我們很容易以為在道德覺知和純植物產品的發展上，我們已經走得很遠，幾乎每個人都能很容易選擇純植物飲食。然而，那只是一廂情願的想法。

★味道：對很多人來說，許多動物性食品的替代品（例如乳酪、牛排或鮭魚）的味道都不能與原本的產品相提並論，在產品的取得

上也較不方便。

★**方便**：對純植物飲食者來說，要找到最愛的食物，當然是一天比一天容易，但若要說現在到處都可以找到豐富的優良食品和餐點，就又太言過其實。除了超級市場之外，根據所住的國家或城市的不同，很多餐廳和食堂都缺乏像樣的純植物食物選擇，更別說是令人可接受的選擇。

★**價格**：價格也可能是個問題。肉類替代品以及許多水果和蔬菜（尤其是新鮮的），售價比肉類更加昂貴。

★**資訊**：便利性是另一個因素。人們仍然認為他們不知道該如何使用其中一些產品，或不確定該買或包含哪些食品在膳食當中，以符合營養需求。

總結來說，我們可說：**純植物性飲食模式，離成為普遍預設值還差得很遠**。

為了更清楚地明白替代方案和動機的相關性，可以想想搭飛機的例子。飛行是產生溫室效應最顯著的因素之一，氣候變遷明顯地威脅著許多有情眾生，甚至是所有物種。假設你因為工作、任務或家庭因素，必須定期往返其他洲（如美洲、歐洲），那其他的替代方案——陸上或海上交通——就不可能了，因為它們必須花較多的時間，因此是不切實際的，你需要有極大的動機才會去選擇這些替代方案。相對的，**替代方案的條件愈好**（例如超快速且汙染較低的船隻），那麼你**需要的動機就愈少**。

將情況帶入我們的領域。想像一下，在你的餘生中，唯一能吃的純植物性食物只有水和麵包，你還會維持純植物飲食者的身分嗎？也許你的答案是斬釘截鐵的「是的」！但如果這是唯一的選擇，你還會轉換為純植物飲食者嗎？你可能會再度大喊「是的！」然而這個答案的真實性很難被確定，因為我們認為你的信念會被食物的可取得性或缺乏好的替代方案所影響。

　　同樣地，對現今很多人來說，只要在事情對他們來說夠容易時，他們就會轉變為純植物飲食者；也許他們只有在到處都有替代品，且仿真度如真的動物食品一般時，才會開始行動；也許他們會需要完全相同的東西，例如人造肉，一種以細胞培養出來的食物，我會在下一章進行詳述。**關鍵是：我們讓轉換變得越容易，就會有越多的人這樣做**。因此，我們需要從圖 12 的情況，轉換到圖 13。

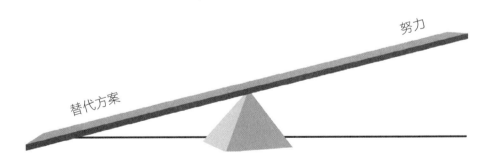

圖 12: 取得性低，需要較多的努力。（事倍功半）

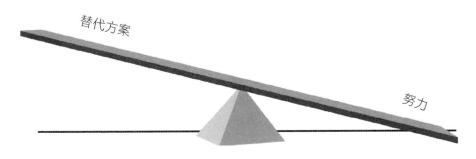

替代方案

努力

圖 13: 取得性高，可降低所需耗費的努力。（事半功倍）

用營銷術語來說，我們可以用高轉換成本（high switching costs）這個詞，意指當轉換產品、供應商和品牌時所帶來的成本，這些成本可以指財務上，也可以是所消耗的時間或心力。舉例來說，電信或保險公司盡可能地讓轉換使用他們產品變得容易，同時也要讓現有客戶難以脫離去使用他牌的產品。

在我們的譬喻中，如果到達維根村的路上可提供人們需要的一切事物，那麼要踏上這條路就會變得容易很多。如果人們知道每隔一小段路就可以喝到水或找到豐盛的食物、有休息的地方、有可以修理鞋子的場所，那麼要引導他們開始這個旅程就容易得多。這是下一章會談到的主題。

結論

我們在這章談了很多基礎知識，讓我簡要概括一下。

以作為推動變革的因素而言，道德論證的意義和重要性是相對的。我們希望人們因為關心動物而成為純植物飲食者，而如果我們追求恆

久的改變，就必須提升人們的道德意識。但對動物的關懷，可以是由於其他原因導致的行為改變而引起的，這是條不那麼直接的道路，但如果可行，我們就該利用它。

在《叛道（*In Rules for Radicals*）》這本書裡，索爾阿林斯基（Saul Alinsky）寫到：

> 除了極少數的例外，正確的事是出於錯誤的理由而發生。要求人們因為正確的理由而做正確的事是徒勞的——如同誤將風車認為巨人而與之戰鬥*。組織者必須知道且接受，唯有在達到正確的目的後，才將正確的理由做為道德合理化而導入，即使它可能是由於錯誤的原因而實現的——因此他必須尋找並使用錯誤的理由來實現正確的目標。（p. 76）

這並不是對動物的背叛。簡而言之，並非不談論道德和公義這類事情，就代表我們沒有在為此而努力。純植物諮詢公司全植解方（Plantbased Solutions）的創辦人大衛班瑟昆恩（David Benzaquen）說：「我們完全致力於推廣與我們價值觀一致的植物性食品，但我們不會根據這些價值觀來進行營銷」（Leenaert 2017）。（請見 P. 155 的專欄）

我列出了兩個重點來說明行為—態度之間的動態關係。

★其一，我們在倡導時應該使用所有理由，特別是那些可以驅使許多人減少肉食的原因——因為大量的減肉者能夠最快速地改變整

譯註：出自於《唐吉訶德》。衍伸意義為「挑戰想像中的敵人」。

個體系。

★其二，我們可以完全忽略論點，而專注於人們周遭的環境。我們在下一章將要談及如何創造一個便利的環境。

讓吃肉變得困難

　　成為素食者或純植物飲食者的容易程度，也跟成為非純植物飲食者的難易程度有關。除了讓純植物食物更容易被取得之外，我們還可以嘗試讓非純植物食物的生產和消費變得更加困難。

　　關於飼養動物的某些規定（例如要求要有更多空間）會使生產成本提高，從而最終產品也變得更加昂貴。因此，動物福利改革，在定義上得罪了擁護絕對主義的動物權利倡議者，但可能無聲無息卻持續地侵蝕削弱工廠化養殖賴以生存的經濟結構規模。

　　工業化的畜牧業正在盡其所能地讓植物性產品的生產者遭遇更多困難。舉例來說，美國的雞蛋生產商試圖讓漢普敦克里克（Hampton Creek）公司無法合法稱呼其公司的植物性沾醬為美乃滋，但這並不管用，而聯合利華（Unilever）現正推出他們自己的純植物性美乃滋來與之競爭；歐洲的乳品業在確保植物奶不能被稱為奶（plant-based milk）這方面，較為成功；而與動物乳製品相比，植物奶產品被課的稅更高，此時，**透過遊說去創造一個平等的競爭環境將具有高度價值**。

04

環境
讓事情更容易

「我們改變（這個體系）的方式不是說服人們去做正確的事。我們改
變它的方式是創造一個完全不同的體系……漢普敦克里克（Hampton
Creek）所做的事關乎哲學，我們相信好事勝出的唯一途徑，是當好事
明顯優於沒那麼好的事時，你就會情不自禁地去做了。」

　　　　　　　　　　──賈許泰崔克（Josh Tetrick），漢普敦克里克執行長

　　前面幾章，我們討論了可以為人們提供啟程前往維根村的行動呼
籲和論點。我已經說過，因為態度的改變會隨著行為的改變而來，故
我們應該利用任何可以導致行為改變的動機；也討論到我們需要創造
一個可促進行為改變的環境。我將這個原則簡稱為 CAFÉ，代表著「創
造一個便利的環境」（Creating A Facilitating Environment）。就維根村
來說：路上夠舒適嗎？旅行者在旅程中能夠找到一切他們所需的東西，
包括食物、水、休憩所嗎？那兒有多少的旅伴呢？

關於「環境」，我指的是**對這些想要改變的人們（或純植物推廣者想要改變的對象）來說，所有外在的一切**。當我們創造出一個便利的環境，正確的事情就變得容易進行，有時甚至不需要任何力氣或動機。舉例來說，我們可以試著去說服人們白熾燈泡對環境是不好的，或是：

★ 單純增加消費者的**購買難度**，也就是讓它比其他選擇更加昂貴。

★ 提供其他**更優質的選擇**。

★ **透過立法**：是進一步改變環境的顯著方式。例如，白熾燈泡在歐洲已被立法禁止，現在根本不能再使用。

★ **利用包裝影響行為**：另一個改變環境的經典案例是由布萊恩萬辛克（Brian Wansink）所提出，他是消費者行為暨營養科學的教授。在他的實驗中，去看電影的人分別拿到以大容器或小容器裝的爆米花。那些拿到大桶爆米花的人，吃的爆米花比拿到小桶爆米花的人多了百分之四十五，也比拿到被故意弄得看起來不新鮮的爆米花的人，多吃了百分之三十三。份量的尺寸是環境的一個組成因素：小尺寸可以讓人們在不需自我控制的情況下吃得較少（Wansink and Kim）。

★ **由下而上，以需求影響供給**：事實上我已經提出創造便利環境的方法：在第二章，我們看到了減肉族群透過影響供應和需求，大大轉變了能促進改變的環境，讓每個人都能更容易地在純植物／維根光譜上移動。這是一個間接的、由個體到整體（由下到上）去改善環境的方法，但除此之外，還有更多直接的方法。

★ **支持生產，帶動需求**：供給與需求之間顯然存在著互惠關係，我們可以更直接地刺激或支持供給（生產）端，而需求將隨之而來。

★**由上而下，推動變革**：我們還可以藉由和某些機構的合作，來幫助我們由整體到個體（由上到下）的方向來實施變革。

本章聚焦在替代產品以及創造這些產品的公司，也會談談維根運動能夠如何或者應該與整個商業世界相連結；接著，我會檢視一些制度變革的目標，包括政策、教育和組織層面。

改善替代品

如果人們無法取得良好、有效的動物性食品替代品，那麼改變將變得困難得多（回想一下：會汙染環境但無替代方案的飛機的例子）。我將廣泛地使用「改善」和「替代品」這兩個詞，「**替代品**」應該被理解為不僅涵蓋產品本身（食品以及其他），還包括了不會造成動物痛苦及剝削的服務；「**改善**」不只適用於品質（主要是味道和口感，以及健康），還包括易取得性、多樣性、價格和其他因素。

在提供替代品方面，商業公司與維根運動相輔相成，而且是至關重要的盟友。純植物飲食倡議者大部分致力於喚起人們的覺知，並提供人們不吃動物性產品的理由，以及有助於他們轉換純植物飲食的實用技巧。但如果我們想要人們運用這些知識或將這個覺知付諸實踐，他們將會需要可以吃的東西，而我們需要有公司來生產那些食物。

現在，毋庸置疑地，維根主義本身並非意味著我們需要模仿雜食者的飲食方式，而去吃加工食品；商業食品公司所生產的食物，也並非我們唯一可取得的食物。純植物飲食可以完全由天然的全食物組成，我們可以每晚用愛心為朋友和家人準備這些食物。確實有些純植物飲

食者認為我們不應開發各種蛋糕、乳酪的替代品或假肉；或者可以自己製作豆漿和豆腐。我理解並尊重這些觀點，但我同時也生活在現實世界裡。在這裡，便利及時間對匆忙的通勤族、忙碌的父母，以及只在餐廳或小館子吃東西的專業人士們而言，都是非常寶貴的。切記：我們的任務應該是**讓維根主義／純植生活變得更容易**。

● 企業的角色

有鑑於改變往往始於行為，而非態度，那麼替代品和生產替代品的企業就顯得更加關鍵了。除了銷售產品及提供替代選擇外，單單是將產品帶入商店（不管有沒有標上純植物／奶蛋素食／無肉等標籤）就有助於提升「我們可以活在一個不需要（或至少需要較少）動物性產品的世界」的覺知，並主流化這個信念；企業也擁有它們自己的宣傳管道：透過新聞和社群媒體，可或多或少傳播一些蔬食相關訊息；他們可以代表消費者遊說政府去修改法令；有時也可能贊助、或與維根／動物權倡導運動組織、專案或計畫合作。

後起之秀

許多國家的奶蛋素食和純植物食品公司，花了數十年來研發和銷售肉類和奶類替代品。這些企業或大或小，有本地公司也有跨國企業，他們的產品在特殊食品專賣店裡販售，有時超市的貨架上也可看見它們的蹤影。最近，有兩個新成員加入了：**具顛覆性的新創公司，以及傳統的肉品公司**。

● 顛覆性新創公司

　　數十年來，我們已經可看到生產純植物產品的新創公司：從在地商店到餐廳、從網路商店到替代品的生產商。這些企業是剛起步的「維根經濟」（vegeconomy）中非常關鍵的一部分，但它們的建立通常並未包含打造系統性變革的雄心壯志，這個因素區分出了**顛覆性新創公司**的與眾不同。這些企業多數源於美國，尤其是加州。這些公司正在尋求開發出可能推翻整個動物性食品產業的替代食物。這類意欲扭轉局勢的雄心壯志需要大量的投資，而這些公司通常是由創投基金（venture capital, VC）所資助。這些公司提出的解決方案通常來自高科技。以下僅舉一些例子：

★不可能食品公司（Impossible Foods）正在研發理想的植物性漢堡（請見第 145 頁專欄）。

★超越肉公司（Beyond Meat）與不可能食品公司相同，他們的未來雞肉（Beyond Chicken）和未來漢堡（Beyond Burger）這兩個產品已經在全食物（Whole Foods）超市銷售。

★新潮食物（New Wave Foods）嘗試用海藻來製作合成蝦。

★漢普頓克里克（Hampton Creek）致力於透過研發蛋的替代品，來將蛋雞從食物供應鏈中排除。該公司已成功打造並銷售他們的純植物性美乃滋品牌 Just Mayo（「就是美乃滋」）。

★克拉拉食品（Clara Foods）的任務與漢普頓克里克類似，但甚至更高科技。它們致力於開發出全球第一個無動物性仿雞蛋蛋白，它並且是位於舊金山、全球首家合成生物學的催化者 IndieBio 的子公司。

★ Perfect Day 想要生產一種在化學組成、營養、和口味都跟牛奶相

同的產品，它雖是根據乳牛的 DNA 來製作，但它的生產並不會利用到任何一隻牛。

★位於矽谷的孟菲斯肉品公司（Memphis Meats）已用培養肉製成了首顆肉丸。

★在荷蘭，知名的年輕公司草食屠房（Vegetarian Butcher），有志成為全球最大的「販肉店」。在短短的數年間，該公司已將它的產品銷售到十五個國家的四千家商場。他們與全球知名、位於瓦赫寧恩（Wageningen）的農業大學以及台夫特（Delft）的科技大學合作，以研發並加速技術突破。

與十多年前成立的公司相比，這些新創公司擁有更多優勢，而透過一些新的發展，促成了它們在市場上的出現，其中最重要的是新的食品科技，人們對畜牧業所造成問題的意識提高了（維根運動在此扮演了重要的角色）；而在最近幾年中，創投基金的投資總額達到了數億美元，這些基金讓企業家能招募最優秀的研究人員、技術人員及行銷人員以開發並推廣他們的產品。

這些投資也帶有象徵性及信號性的價值。知名的創投公司例如凱鵬華盈（Kleiner Perkins）、科斯拉風險投資公司（Khosla Ventures），以及改變世界的企業家如比爾蓋茲、Google 的謝爾蓋布林（Sergey Brin）、或亞洲第二富豪李嘉誠等人慷慨解囊，進而引起社會關注。這些投資者發出了：「動物性產品可能沒有未來。就算有，也十分有限」的信號。

對資本主義感到矛盾的讀者，可以從以下角度去做考量：這些新創公司可能是資本主義目前所能提供的最佳選項。這些公司並未承諾

為投資者和股東賺錢，其中許多公司甚至將無法籌措足夠的資金以達成他們的雄心壯志。

● 傳統肉品公司

第二類的新成員是傳統的肉類公司。愈來愈多生產動物性產品的企業開始對於替代品產生了興趣。

★一個知名的例子是呂根瓦爾德穆勒（Rügenwalder Mühle），這是德國最受尊崇的老字號肉品公司之一，他們已持續大量投資在肉類替代品上（請見第 150 頁的專欄）；

★另一個是全球最大的雞肉生產商泰森公司（Tyson），他們買下了超越肉公司百分之五的股份，最近更設立了一億五千萬美元的基金，以投資新創企業，目標是研究替代蛋白質的可能性。

不難看出，維根運動中的某些人對於這樣的發展可能感到不悅。這些透過殺害動物而賺進大把鈔票的公司，現在試圖在純植物性產品的市場中占有一席之地或想來分一杯羹，這可能會令人相當惱火。讓我們來看看維根運動和這些公司的關連，無論他們是否有剝削動物。

不可能食品公司（Impossible Foods）

　　不可能食品公司（Impossible Foods）是由史丹佛大學榮譽教授派崔克布朗（Patrick Brown）所創立的，其在生化領域的成就廣受讚譽。2009 年，布朗休了一個長假，思考他想用餘生來完成的目標究竟是什麼。他決定聚焦在全球最大的環境問題之一：畜牧業。布朗創立了不可能食品公司，利用他的生化知識開發肉類的替代品，為他的新創公司籌到了數百萬美元的資金，且甚至收到了 Google 想要收購公司的提案（不過他婉拒了）。

　　在本書付印之際，不可能食品公司的漢堡已在美國部分地區銷售，且剛剛啟動了其首座大規模生產廠房，該公司占據了大量的新聞版面，為它的漢堡大肆宣傳，它的噱頭是漢堡裡含有血紅素鐵（heme-iron），使漢堡在煎炸並放在餐盤裡時，看起來似乎會流血。

維根運動與商業行為

　　至少，維根運動與企業界的關係是曖昧不清的。有時候我們會吹捧一家開發新產品的公司，或者大大讚賞提供新純植物性餐點的餐廳；有時候當受到了冒犯，我們會像憤怒的暴民一般，在他們的社群媒體上大肆批評。運動組織也可以經由正面或負面方式，針對議題來運作。可能是褒揚公司的善舉，也可能是告訴整個素食、維根社群（或全世界），貶斥該公司有多麼邪惡。兩種方法都有效且可行，而這種與企業間模糊的關係，是可被預期和理解的。

　　然而，你也可以發現有些純植物飲食者對於企業抱持著深深的懷疑，甚至對企業界持有憤世嫉俗的態度，他們帶有反資本主義、反金融、和反商業等情懷，這些態度多半是來自理想主義，來自對正義和平等的關注，或基於他們所認知的貪婪及對權力渴求的警惕。

　　動物權倡導者可以選擇將信任或不信任，設定為我們對於企業的預設態度。儘管我們應該保持警惕，但採取不信任的預設態度不僅無所助益，也會錯失許多機會。在定義上，任何企業的首要驅力，都是持續產出利潤，這不應是我們不信任企業的原因。幸運的是，企業會更加關注於信賴性、持續性，和使用符合道德規範的方法來營運以及僱用員工，部分原因也是由於企業在社群媒體具有能見度。在此同時，我們身為消費者，應堅持企業須具有誠信、透明、及社會企業責任。

　　對利潤的追求是驅動變革的強大動力。目前，大量的資金被投入到動物產品的替代品中，以期能創造大量的金錢產出，以及對整個社會運作的擾動。在這種情況下，對動物權倡議份子來說，**利用獲利**

動機，而非譴責和迴避它，可能更具戰略意義。商業組織為何會推出純植物性產品或服務、開始在餐廳提供純植物餐點、或在超級市場銷售這些產品的理由並不那麼重要，即使該企業若是「為了動物才這麼做」，純植物飲食者來說感覺會好很多。無論企業家或公司的動機是什麼，他們都藉由轉移了供需關係來幫助改變這個體系，而（萬一你覺得它重要）你也可以期待企業本身將不可避免地因自身行為而導致態度的轉變。

企業的首要動機在於獲利，這意味著不只是純植物性產品類別的成長很重要，而該公司的品牌發展也一樣重要。因此，公司可能會與其他同樣銷售純植物性產品的企業競爭。從非營利組織的角度來看，這可能有點奇怪（我還記得當我初次與商業企業打交道時，就被它弄糊塗了），但它卻是完全正常的商業慣例。

最後，我相信企圖心和商業敏銳度都是值得珍視的特質，用健康的態度去注意財務盈虧也是如此。有太多出色但不切實際的理想主義者所設立的小型蔬食企業，最終都走向了失敗的命運。動物們需要的，不只是理想主義和立意良善。

接受企業贊助

無論是在運作由我所創立的組織道德蔬食推廣協會（Ethical Vegetarian Alternative，簡稱 EVA），或是傾聽別人講述他們在其他團體中的經驗，我發現「非營利組織是否應該接受企業贊助？」這個問題，會導致複雜且無止盡的內部爭辯。當對企業界的預設態度是不信任，整個團隊、成員和支持者，都將會提出許多問題和警告，出現的質疑可能是關於公司的誠信，以及與該公司的合作是否會損害或有利於組織的聲譽。另外也會出現對於組織是否該做出妥協或者該要求多少資金的爭論。有時候這些合作，或甚至只是關於這方面的討論，就會導致組織內部的分裂。

然而當你與一個企業建立良好的關係時，那麼該企業的贊助和支持將會非常重要。當 EVA 在推展週四蔬食日（Thursday Veggieday）的活動時，我們很清楚，此活動最顯而易見的合作對象是一家大型植物性食品生產商。我們向該企業解釋 EVA 的活動有多強調植物性食物的低碳和健康觀點，以及這些論點如何與該企業希望打造的品牌價值與目標相吻合。我們共同合作了很多年，而光是該企業的經費贊助（以換取在我們活動的曝光）就足以讓活動相當成功。

是敵是友？

很多企業都可能是潛在的盟友，維根／植物性生活倡議者應與他們共同努力，而其他對象則可被視為是維根運動的敵人，當倡議者想

要擾亂對手時，應該要選擇正確（即：做錯事）的企業，並在適當的時機出手。關鍵問題是：當遇到盟友時，我們是否能辨識出他們？

舉泰森公司（Tyson）為例。我們可以務實地去質疑泰森公司是否會試圖破壞或減緩他們所投資的純植物企業的發展速度，或理想化地認為利用殺害動物而獲利的企業，不應從替代品中獲利。我們很難確認這類企業的動機，以及他們的作為帶來的後果，以下是一些觀點，說明我為何認為我們應該視其為盟友。

首先，類似泰森公司的商業巨獸具有更大的潛力，**他們能占領大塊的市場份額，並吸引許多蔬食企業或組織所無法觸及到的消費者。**單單考慮泰森針對這些產品的廣告預算吧！泰森公司擁有相當可觀的財務和人力資本，例如研發部門（R&D），以及他們的品牌和零售經銷權：承包他們產品銷售的經銷商、批發商以及零售商。重要的是我們要了解，這些所有的資產都是「兩用」的（用於動物和非動物性產品）。我們可以合理地假設：只要有市場，且該市場能夠獲利，企業對於他們的產品中含有什麼成分，其實是不太在乎的。

其次，動物性產品產業的遊說力道是很強大的。但當業界對於銷售動物性產品的財務依賴性降低，而來自純植物性產品的獲利增加，我們就能預期從對立到支持純植物飲食消費的轉變，植物奶就是其中一個例子，有些品牌現今已被過去只販賣乳製品的企業納入旗下。想像一下，**一旦企業自己擁有非乳製品類別的股份，那麼他們對於非乳製品替代品的反對就可能會減少。**這也就是為何好食品研究所（The Good Food Institute）執行長布魯斯佛里德里希（Bruce Friedrich）稱美國豆奶生產商 Silk 被傳統乳品大廠迪恩食品（Dean Foods）的收購，是在這個運動中所發生過最好的事情之一（Our Hen House）。

面對身分認同挑戰的肉品公司

　　過去幾年來，德國一家歷史悠外且深受「尊崇」的肉類食品製造商：呂根瓦爾德穆勒（Rügenwalder Mühle），已將焦點轉向奶蛋素食和純植物產品，他們在推廣肉類替代品上砸下超過四千萬歐元，比德國其他公司花費的**總額**還要多。在支持純植物食品運動的德國組織普羅維植國際植物性飲食協會（ProVeg International，前身為VEBU）的支持和引導之下，呂根瓦爾德已降低了他們非純植物產品中的雞蛋數量，且推出了數種純植物性產品。呂根瓦爾德也支持肉類替代品命名時用和肉品一樣的名字（例如純植物炸肉排可以簡單地被稱為炸肉排）——這可是一個遭到德國農夫聯盟，甚至德國聯邦食品、農業暨消費者保護部（Federal Ministry of Food, Agriculture, and Consumer Protection）所反對的計畫。呂根瓦爾德是肉品公司為維根議題奮戰的最佳榜樣，而許多傳統維根公司本身卻不參與這種形式的遊說活動。

　　呂根瓦爾德的執行長曾表示，在二十年後該公司可能不會再用動物來生產肉品，並稱以肉製成的香腸為「未來的香菸」。這間公司是敵是友？對我來說，答案已經再明顯不過。

幫助企業，幫助維根運動

如果企業能對維根運動造成影響且從中受益，那我們該如何協助他們以幫助我們達到目標？身為一個消費者，我們當然可以選擇欲光顧的供應商或製造商；我們可以在部落格和社群媒體上談論或撰寫關於這些企業或其產品的訊息，並向朋友介紹；我們也可以向企業提出具有建設性的回饋。最特別的是，**我們可以避免不必要的對抗，並在遇到盟友時辨識出他們。**我認為在多數的情況下，抵制由非純植物性公司所生產的純植物性產品，結果將適得其反。

不幸的是，純植物飲食者三不五時會批評與我們站在同一立場的人們和企業。一個非必要的敵對案例發生在加拿大公司 Daiya Foods 身上，對許多純植物飲食者來說，它是第一個推出如乳製品起司般能融化的植物性起司的公司，當這家公司在官網上展示了非純植物性的食譜時，一些純植物飲食者發起了抵制 Daiya 的聯署。如同倡導者不會在提供動物性餐點的場合發送傳單，期望一家嘗試接觸主流消費者的公司做出同樣的事，是不切實際的。至少，純植物飲食者可以單純選擇不同意這種作法並對它置之不理，而非積極抗議該公司。

關於這點，提倡動物實驗的替代方案的著名動物權運動份子亨利史匹拉（Henry Spira）就曾提出忠告，而我認為純植物飲食者應在所有此類情況下注意：

> 如果人們要開發替代方案，那開發出替代方案的，將會是在研究機構中的那些人；如果你希望法規單位更改需求，那麼將會是由動物研究人員來完成這件事，而不是我們。我的意思是，如果你真心希望看到改變，那麼這些人就是你最好的夥伴……你

不會對他們說「我們是聖人、而你們是罪人」來改造他們，或是「為了教育你們，我們要用 90 公分的木條把你們痛打一頓」。（Singer 1998, p. 113）

對 Daiya 的抵制跟純植物飲食者的期望有很大的關係，對一家大型肉品公司，我們不會期待它生產很多蔬食產品或擴展蔬食產品市場。因此，當被我們認定為維根企業的公司「沉淪」並讓我們失望時，我們往往會被激怒，這樣的惱怒是一種深刻的人性反應，但這卻沒有太大意義，且通常無法改善情況。

● **如何支持蔬食／維根企業？**

如果我們動物權倡議者想具體化對企業的支持，我們可以運用組織的力量，最顯而易見的方式，就是增加對那些產品或服務的需求。部分歸功於我們的推廣（以及一些我們無法控制的因素），當人們對純植物產品的需求增加，這塊餅會變得更大，而販售純植物產品的公司就能占到更多市場份額。

維根或動物權倡議組織可以：

1. **提高公眾意識。**
2. **在推廣時強調特定公司、品牌或產品。**產品可能是正式贊助合作的一部分，或單純因為該組織喜歡、也認為更多人應認識一下這個公司及其產品（包括雜食和純植物飲食者）。
3. **發表推薦：**發布關於產品或餐廳的評論，吸引更多人去認識這個企業。

4. **安排廣告及活動**：在雜誌或網頁上安排付費廣告；甚至可以頒發最佳產品獎項，吸引大眾關注。

5. **專家支援**：規模較大或發展得更成熟的維根和動物權倡導組織可能擁有內聘的專家，能為企業提供有價值的業務諮詢。他們能幫助企業擴大範圍、矯正產品或包裝上的瑕疵或錯誤、對廚師及採購者提供培訓或教育、和以其他方式提供幫助。這些專家能為產品背書、提出「重度消費者」對市場的獨特觀點、以及提供能接觸到他們的管道。

普羅維植國際植物性飲食協會擁有一個完整的新創部門。它為蔬食企業家提供研討會、影片及個別指導，並支援了數百個希望開展自己事業的蔬食者，甚至提供貸款；它們也有自己的測試社群，以幫助新興和老牌公司的產品進行市場測試並收集回饋。

6. **鼓勵及教育支持者**：蔬食／維根組織可以幫助企業的另一種做法，是提供資訊及教育他們的支持者（追隨者、贊助者、會員、訂戶）。組織可以幫助支持者打開心胸，讓他們了解並非所有的肉品公司都是敵人；組織能鼓勵支持者克服對於金錢及投資者的疑慮，並欣賞科技所帶來的益處。有鑑於許多純植物飲食者對天然或有機食物的興趣，他們甚至比一般大眾更不信任他們視為「非天然」、加工過、或者倚賴科技而來的食物。

在最後一點上，人造肉就是個很好的例子。人造肉是從動物細胞培育而來的肉，不須屠殺任何動物。我們有充分的理由去期待人造肉的發展潛力，它可能是道德轉型前的科技革命，這類產品的前景相當被看好。研究人員有信心在接下來的五到十年內，能夠克服大多數技術障礙，此外，產品的價格最終應能降到足以與傳統肉品競爭的水平。

相較於傳統肉品，人造肉更能永續發展（需要較少的能源、水或肥料）、更健康（例如容易控制脂肪含量）且更安全（各種汙染的風險以及工作人員在屠宰過程中的危險性較低）。除了科技和法規的挑戰之外，人造肉需面臨的還有大眾接受度。人造肉的生產顯然更高科技，並看來不如我們習慣的肉品來得「天然」，然而，「天然」在這裡是個令人困惑且並非特別適用的概念。被卡車運往屠宰場的動物體內不僅充滿了化學藥物和荷爾蒙，還被用各式各樣的電子及機械工具殺害並肢解，這裡何來「天然」的過程呢？此外，可能要補充一下，並不是所有天然的東西都對我們有好處（例如放射線），也並非所有人造的東西都不好（盤尼西林就是其中一個例子）。

基因改造有機物（Genetically modified organisms, GMOs）是天然／非天然混淆的另一個例子。很多人，包括純植物飲食者，都反對使用基因改造食品。在某些圈子中，即使對於研究基改食物的潛能表示不確定或不可知的看法，仍會被視為是禁忌。然而至少在理論上，基因改造食品可以減少動物實驗並開發出更好的替代品，也能種出更高營養價值的植物、增加農業產量、並只需較少的農藥。（註11）儘管必須謹慎使用新技術，但保持一定的客觀性，且不要根據道聽塗說、情緒或意識型態而進行評判，也是相當重要的。

美國新創公司克拉拉食品（Clara Foods）正在開發雞蛋蛋白的替代品，然而，這個替代品是用基因改造的酵母做的，這意味著許多公司和消費者可能會對它抱持警惕，且目前歐盟也尚未允許使用。

在人造肉和基因改造食品的例子中，純植物飲食者應該區分原則性的反對（principled objections）（例如對基因改造的自然性）和實際

或情境上的反對（situational objections）（例如關於對公共知識及資源的壟斷或者私有化）。

維根運動中的消費者可以是新食品和技術的開創者或早期採用者。如果我們希望這些能成功，就應該給予支持，同時當然也不放鬆警惕。

全植解方（PlantBased Solutions）

動物權倡導者可以成立一家公司，以幫助其他銷售植物性或非植物性產品的企業。大衛班瑟昆恩（David Benzaquen）為各種動物保護團體進行募資及倡導，在 2012 年成立全植解方（PlantBased Solutions）公司之前，他曾為動物庇護中心（Farm Sanctuary）工作。全植解方公司的目標是幫助銷售純植物性產品到全世界，大衛和他的團隊為他們的客戶管理諸多領域，包括行銷、品牌、募資等。他的客戶包括 Gardein、Green Monday、Miyoko's Kitchen 以及 Treeline Cheese。大衛相信，雖然教育和倡導是提升覺知的重要工具，但動物權倡導運動應該更聚焦在利用市場以增進維根生活。他覺得採用這個未曾被提及的策略，相較於他過去複製那些在非營利領域夥伴的運動策略，能帶來更大的改變。

「安全島」和「滲透物」

　　純蔬食餐廳和商店，我稱之為雜食世界中的「安全島」。另一方面，超級市場中的植物性產品，或一般餐廳菜單上的蔬食餐點，則是「滲透物」。當純植物飲食者在影響意見領袖及推動機構的改革時，通常會嘗試置入「滲透物」。

　　「安全島」讓純植物飲食者感到安心。我們不需要走過動物性食品的貨架或專櫃，也無須擔心我們的餐點或盤子內會有肉類或乳製品。我們在這個「島」上消費，可能在道德上會感到較為舒服。但是，**如果我們想要接觸到新的消費者，並在雜食者的世界獲得更多的曝光，「滲透物」將扮演相當關鍵的角色，因為大部分的雜食者不會踏入蔬食餐廳或專賣店，也不會去購買蔬食食譜。**

　　現今市場上的問題是：純植物性商品被視為是給純植物飲食者的東西，而雜食者會因為他們不是純植物飲食者而略過這些產品，就像非糖尿病患可能會避開標有「適用於糖尿病患者」的餐點一樣。

當維根成為一門生意

希望通過讓世界變得更美好來謀生的人，如果夠幸運的話，通常會進入非營利性組織。對改革者而言，這似乎是最顯而易見的道路，然而，與非營利組織相比，進入企業就職或開創事業能提供許多優勢。與每年都要從捐助者和／或補貼中籌集資金的組織相比，企業比較容易賺錢，且更具永續性。企業的規模也具可擴展性，因此可能具有更廣泛的市場觸及度及更大的影響力。

非營利組織的優勢是可以請志工幫忙、可以接受補助款和捐獻、而且比普通企業具有更多的善意和熱忱，然而，組織的可信度也可能朝另一個方向發展：乍看之下，非營利事業可能看起來較值得信賴，因為他們似乎不受金錢所驅使，**但他們的運作背後也有目的。**（有人認為，動物權組織並不是最可信的健康資訊來源）此外，對於商業人士來說，非營利組織可能並不總是最可靠的合作伙伴。

營利和非營利機構之間的邊界，已不如以往清晰。很多非營利機構希望賺取收入，而公司可以發起企業社會責任（Corporate Social Responsibility，簡稱 CSR）或志願服務計畫。介於兩者之間的是社會企業，其社會目標是企業存在的理由。與其維持舊有的營利／非營利的二分法，對運動份子而言，從「財務優先」到「影響至上」的範圍內有多種綜合的可能性，去考量在兩者之間該採取何種參與策略，會對情況更有幫助。

先前我提到的一些具有顛覆性的新創公司像「奇獸」。這些企業成立時似乎以幫助解決動物性食品所帶來的環境、道德或健康問

題作為目標，因而顯得更像是社會企業。這個概念讓想要透過用人造肉取代肉類，讓屠宰肉類成為歷史的公司——孟菲斯肉品（Memphis Meats），得以開展群眾募資，向支持者籌集資金。也就是說，這些企業大部分都獲得了創業投資基金，而我們可以穩妥地假設投資者會希望從他們的投資中獲利。因此，儘管有著改變世界的高貴目標，這類公司仍必須營利，如我們所見，並不一定非得犧牲推廣維根主義的理念或以改變社會現實為代價。

當然，除了創立數百萬美元規模，嘗試瓦解整個肉品產業的企業外，你還可以開創自己的中小型企業，例如餐廳、商店或在地企業；你甚至可以用更直接的宣傳形式，如網站、podcast 或 YouTube 頻道等來賺錢維生。

創造便利環境的其他策略

本章到目前為止，專注於討論生產和提供純植物性產品的公司，但我們也可以影響其他許多機構來創造更便利的環境。可能是企業、政府單位、主要的非營利組織、教育機構、醫院或保險公司等，僅在此舉幾個範例。他們都可以成為意見領袖（influencers）或增值者（multipliers）。比起我們靠自己宣傳，他們能向更多人傳播我們的訊息；他們可能是擁有數千名員工的大型機構，其中許多人每天都在員工餐廳裡吃飯；他們也能在自己的機構外發揮影響力，例如提供或倡議健康或永續計畫的組織。

不同機構的影響力顯然各不相同，比起在街上跟單獨個體談話，你總是可以透過與機構的代表人物接觸，讓推廣更有效率。

拯救雞隻：兩種不同的作法

為了說明兩種截然不同的幫助動物的方法，讓我們來看看兩個完全不同的人物。

凱倫戴維斯（Karen Davis）是聯合家禽關懷組織（United Poultry Concerns, UPC）的創立者兼總裁，致力於投入在提升人們對地球上最受欺凌的動物：雞（以及其他禽類）的認知以及權益倡議。凱倫在維吉尼亞州創立了一個雞隻天堂，進行關於在生產雞肉和雞蛋的過程中，雞隻所受折磨的教育宣導。

漢普敦克里克公司的創立者賈許泰崔克（Josh Tetrick），則希望藉由發明蛋的替代品來拯救雞隻。在美國，「就是美乃滋（Just Mayo）」是漢普敦克里克旗下品牌中唯一被全球最大餐飲公司金巴斯集團（Compass Group）採用，及被所有 7-Eleven 便利商店用以製作三明治的產品。Just Mayo 也可以在 Walmart、Target、Costco 和其他大型量販店買到，因此而未被生產或消耗的雞蛋數量，是相當可觀的。

我將聯合家禽關懷組織和漢普敦克里克公司同時並列討論，不只是對比非營利和營利機構的不同，更是要展現我們可以透過舉辦活動提升道德意識，以及提供替代品來讓環境更友善，以實現相同的目標。

你可以遊說環境和健康相關的非營利組織，在他們的活動中納入肉類消費對環境永續和健康方面影響的訊息。普羅維植國際植物性飲食協會（ProVeg International）成功地遊說了如綠色和平（Greenpeace）、世界自然基金會（WWF）和地球之友（Friends of the Earth）等大型環保組織，將減少德國百分之五十的家畜數量，作為其改善碳排放的目標之一。這個所謂「德國氣候變遷聯盟」的聯合立場聲明列出了這個精確的目標。

你可以聯繫醫師或營養師協會，以教育他們的成員與病患關於動物性產品的知識；你可以和負責學校用餐系統的當地、縣市級、或國家級政治人物接觸；或者你可以鼓勵提供餐點給數千名員工的大型企業，在他們的員工餐廳裡供應更多的純植物餐點選項。

影響意見領袖

普羅維植國際植物性飲食協會（ProVeg International）已把影響意見領袖作為他們的核心焦點。普羅維植國際植物性飲食協會說服了歐洲其中一個最大且最具聲望的醫院和醫療研究機構，召開了以探討純植物性飲食對健康方面影響的研討會。2016 年的研討會吸引了上千人，其中大多數是醫學專家或醫學生。普羅維植國際植物性飲食協會也和德國的金巴斯集團（Compass Group）合作，培訓並鼓勵該公司提供更多植物性餐點。

普羅維植國際植物性飲食協會創辦人樂百善（Sebastian Joy）指出，影響者必須使用與他們希望影響的對象相同的語言。**他們應該**

很清楚欲達到的目標，並將論點架構於最符合他們想要影響對象的利益上面。樂百善也指出，普羅維植國際植物性飲食協會的策略性定位在支持蔬食推廣的組織，而不是動物權利組織。這使他們具有更高的信賴度和更好的聲譽，可以與各種意見領袖合作，例如健康機構、餐飲服務商、媒體、以及肉品公司。

● 教育領域的改變

學校是體制變革的關鍵領域。學校能接觸到許多學生，他們不只是消費者、選民和公民，也可能受到啟發而在未來選擇開發或推廣植物性飲食的職業生涯。這也就是為何如好食品研究所（The Good Food Institute）這樣的組織，會大量投資於全美頂尖大學中進行演說的作法，這些大學歷來教育出許多未來社會變革推動者和商業界顛覆者。

另一個在教育領域裡成功進行體制改革的良好範例，是**美國人道協會**（Humane Society of the United States, HSUS）幫助美國超過二百個學區、一百多所大學，以及六十家醫院採取類似「週一無肉日」計畫所做的努力。涵蓋區域包括洛杉磯、休士頓、達拉斯和聖地牙哥，每天供應總計超過一百萬份餐點；HSUS 也跟美國軍方最大的餐飲業者及美國軍方合作，以減少軍事基地的肉類消耗量；而在南美洲，**巴西蔬食協會**（Brazilian Vegetarian Society）也在聖保羅市導入週一無肉日計畫（事實上是星期二），在無肉日當天提供大約一百萬份餐點。

在教育領域內，應特別注意廚師的培訓。幾乎所有級別的廚師都接受過烹調肉類餐點的培訓，而到了畢業時，他們幾乎沒有對於純植物性烹飪的經驗或知識。美國人道協會在 2016 年發展出為期兩天的植物性烹飪密集課程，培訓了近八百名廚師，在歐盟（EU）的支持之下，奧地利、比利時、德國和荷蘭的素食和純植物組織發展出「**蔬食教育計畫（Vegucation）**」，向廚師和廚師培訓人員提供純植物烹飪課程。不同國家的組織也為廚師舉辦了純植物料理競賽，這可能有助於提升將植物性烹飪的形象到另一個層次。

毋庸置疑，在學校裡的宣導也能聚焦在倡議本身，而非改變餐點或發展烹飪技巧，在以色列，**為動物的匿名者**（Anonymous for Animals）這個組織，透過一小群由志願者組成的講師群，每年對超過兩萬五千名學生進行演說。

● 法令的改變

有時，無論是否受到動物權或蔬食組織的鼓吹，一些機構，特別是企業，都可以自發採取純植物飲食或動物友善的作法。儘管這種作法棒極了，但不能保證這樣的改革將在新任總裁或執行長上任、利潤下滑、或來自員工或消費者的強烈反對下仍會繼續存在。

此外，儘管有一家或數家公司採取這樣的行動，但其他大多數公司仍未加入，到頭來，立法行動仍將為制度變革提供最佳，但可能並非絕對的保證。舉例來說，數十年前有一些餐廳或酒吧宣稱禁菸，現今在許多國家，這類店家已在法令上被強制禁菸，兩者在順從度和反彈度的差異是相當大的。

　　我們可以努力讓許多法律上的改革進入立法議程，最明顯的是，法律對動物的使用進行了改革：增加被飼養用於食物、研究或娛樂的動物的福利（即使只是最低限度）。其中包括了更大的籠子、減少動物被運送到屠宰場的距離，以及其他的改進措施，然而法令的改變可能牽涉到食物生產的不同面向。

★在葡萄牙，一項最近通過的法令規定，所有公立機構內的餐廳都必須提供純植物性餐點。這是由葡萄牙素食協會（Portuguese Vegetarian Society）收集了超過一萬五千多個簽名，對這個提案條款進行聯署而得到的結果。

★類似的情況還有瑞士組織：感知政治（Sentience Politics）也發起了多項投票提案，要求在瑞士各個城市的公共食堂提供植物性餐點選項。

★國際純植物生活權利聯盟（International Vegan Rights Alliance）和普羅維植國際植物性飲食協會已計畫舉辦一個全球性的法律研討會，針對維根主義和立法，含括了促進純植物飲食的許多法令層面。

★蔬食、維根組織也能在法令的遊說上施力，以提升純植物性產品製造商運作的容易度。例如確保在歐洲，牛奶和植物奶徵收相同的營業稅。另一種有爭議但很顯著的法律改革，是對肉類和其他動物食品徵收健康稅或碳稅。動物性食品產業顯然能遊說改變有利於它的法律，或不讓其他產業得逞；它們當然有錢可以去做這些事。這就是為何**對動物權倡導運動來說，籌集資金以與動物食品產業競爭，以及組建聯盟是如此事關重大**。

★舉例來說，歐洲動物組織（Eurogroup for Animals），是一個泛歐洲動物福利組織協會，他們一起遊說歐盟的機構，以推動更優良的動物福利法規及執法。像這樣的合作模式，最近也出現

在蔬食商業界的利害關係人之間。美國純植食品業協會（Plant-based Food Association）是一個由數十家販售純植物性產品或服務的公司所組成的團體，他們一起為利益（也包括消費者的利益）向立法者進行遊說。在荷蘭，綠色蛋白質聯盟（Green Protein Alliance）也有著類似的目標。

為動物權展開遊說

　　動物倡導的主要內容之一，就是動物的法定權利。在第 1 章，我描述了我們對動物使用的依賴程度，在這樣的情況下，要讓動物在法律上擁有基本的權利，幾乎是不可能的事，尤其是對那些被用作食物的動物而言。法律若在某種程度上認可了這些動物的個體特質，自然將導致不能再有肉類和乳製品的消耗。

　　現今，多數人嘴巴上認同動物權的概念，但對於被飼養為食物的動物所做出的行為，卻又是另一回事。這個現實並不代表我們不應繼續倡導經濟動物的權利，但我們需要意識到這種帶有高度野心的需求可能會疏遠很多人，包括那些具有決策權利的人。我相信，**當我們對於動物使用的依賴減少時，要建立豬、雞和牛的權利將會更加容易。**

　　在此之前，**為某些特定物種爭取權利，才是有意義的作法——**例如：

● **與我們關係較不密切的動物**：如獅子、貓熊和大象。

- **在不同情況下被施以不同對待的物種**：例如米格魯，在人類的家中是伴侶，但在實驗室裡卻被當成實驗的對象。我們可堅持相同物種應享有更加一致的權利。

- **基因上與人類相近的物種**：舉例來說，靈長類動物與我們人類都屬於靈長目（Primates），近幾年來，對於這些人類近親動物的利用與虐待已受到越來越多社會、立法及法律的審視。大猿計畫（Great Ape Project）旨在捍衛非人類大猿的權利，基於我們在基因上與他們相似的事實（黑猩猩和人類可以互相輸血）。而由法律學者史蒂芬懷斯（Steven Wise）主導的非人類權利專案（Nonhuman Rights Project），倡導賦予黑猩猩不應在違反其意志下被監禁的權利，基於法人可申請人身保護令的概念。

- **大多數人無使用依賴的物種**：為鯨魚爭取權利也提供了另一個現實的選擇，因為很多人認同他們的智慧及獨特性，或單純喜歡他們，而且在大多數國家，人們對鯨魚並沒有使用上的依賴。為這些動物爭取權利，可為將來其他動物的權利開闢道路。

選擇結構 （Choice Architecture）

在前面的章節，我已經談過了人們有多不喜歡被說服，以及不總是喜歡被施加在身上的道德議題，因為他們可能會感到被批判或有罪惡感（第5章會更深入探討這個議題）。當我們要求進行制度改革時，過度依賴道德論點甚至可能更會使情況變得尷尬。**決策者是務實的，你必須向他們證明，這些行動會有具體的成效，而且你將會提供協助。**他們鮮少在倡導者描述動物受苦情況時熱淚盈眶，他們通常會謹慎地告訴人們該做什麼，也不會認為去干涉人們的食物選擇是他們該做的事。

我在這個章節談論的正面影響是：**倡導者不需在所有情況下都搬出道德論點。我們可以巧妙地改變人們所處的環境，讓他們在不知不覺中做出正確的事。**你可能已經聽說過，超級市場是如何把主打產品擺放在靠近人們眼睛高度的位置，好讓消費者的注意力和口袋中的錢都更容易集中和花費在這些產品上。這個技巧也能使用在做好事上面，學校或公司的自助餐廳已嘗試將健康的產品放在較容易取得的地方，例如將水放在比含糖飲料更顯眼之處。

這就是所謂的「選擇結構」或「巧推」（nudge）。人們被往正確的方向上順勢輕輕推動，並在不知情的狀況下做出明智的選擇（Thaler and Sunstein）。只要他們沒注意到或不關心這種「調整」，就不會觸發人們的「說服抗拒」（Knowles and Linn）。他們不會感到被推銷了什麼，且會持續認為他們是能夠做決定的自主個體。

選擇結構的一個很有希望的特色是**能夠改變預設選項**，即無須費力即可做出的選擇或行動。舉例來說，在多數國家的預設選項是，在

人死亡之後，器官將無法用於重症患者，逆轉了這個預設選項的國家，顯然將會有更多的器官捐贈者。

在我們領域中的一個例子是長途航班上的餐點。目前，如果你想吃到純植物的餐點，則必須花一些精神去提出特殊要求。想像一下，如果提供給所有乘客的預設餐點都是純蔬食！我一直想知道為什麼不這樣做，既然飛機上有許多不同國籍、信仰及過敏的乘客，這個作法將減少飛機的碳排放，也能降低因為不恰當的肉類烹調而導致的疾病風險。在這種相反的情境下，空服員會告訴那些抱怨的雜食乘客——他們必須事先預訂肉食餐點才行。

EVA 已和比利時根特（Ghent）的學校合作，實施了「巧推」。在星期四（蔬食日），學校預設的午餐是蔬食，結果有百分九十四的孩童在星期四吃了蔬食。**選擇結構提供了一種不須說教就能產生效果的絕妙方法**，除了直接效果，從長遠看來，這種介入方式能使植物性飲食普遍化。此外，這個策略**可以避免讓人們感到選擇自由被剝奪**，孩童們仍然可吃肉類食品，但他們需要額外要求才行。EVA 讓好事變得容易，至少在星期四是如此。

專業組織的重要性

公司、組織或政治人物的影響力愈大，遊說他們會越有收穫，面臨的挑戰也越大。不管你想推動的是什麼，要改變法律都是很難的，而負責起草或投票支持新法令的政治人物，要麼必須感到背後有足夠公眾力量，要麼必須具備高超的技能、動力和勇氣。多數情況下，推動機構改革（包括法令改革）時，將需要專業組織，而非基層團體或

個人的努力。

★**代表群眾**——專業的組織通常代表了大量的擁護者，而某些機構，尤其是政治機構，只有在看到該組織代表群眾發聲，或者能影響很多人時，他們才會採取行動。

★**擁有資源**——組織通常擁有個體推廣者或小型團體不一定擁有的資源，因此他們能夠進行研究，向機構合作夥伴展示某些成果，並觸及成千上萬、甚至數百萬名追隨者。他們借助自己管道的力量，向目標對象施加壓力，以促使對方停止作為或推進改革。

★**更多資金**——他們也有更多資金，對於舉辦活動、遊說、吸引專業人才、以及金錢可以買到的其他好處來說，十分管用。

★**結構完善**——組織的另一個優勢是，具有完善的結構，更能輕鬆確保行動和活動的連續性。從這個角度來說，個體和基層組織的倡議可能脆弱許多。

組織可能需要額外的專業人士，對機構進行不同主題的教育，並說明欲推動的方案與社會相關之處，必須熟練掌握如外交、遊說和政治方面的專業知識。

有些維根主義者，特別是不隸屬於任何團體的個人，對於大型組織持批評的態度，責怪他們做了妥協，甚至是「背叛」，控訴大型組織賺錢只是為了維持存在，或者聯合敵人來籌募資金，任何曾經與機構合作過的人都知道，改革需要務實和妥協。

合作機構或盟友通常不會完全依照動物權利或維根團體的建議來做，他們不一定會傳播我們想要的確切訊息、可能不會分享我們的想

法、也可能認為自己的群眾尚未準備好接受我們的要求或訊息。舉例來說，就我的經驗，當合作機構想對他們的受眾傳遞關於植物性食物的宣傳時，比起談論道德議題，他們對強調食用動物對健康和環境造成的後果，往往感到較為自在。

當其他人不完全同意我們純植物生活推廣者所提出的要求時，我們是有選擇的。

● 理想 vs. 務實

如果我們太過理想化，我們可能很難或根本不可能與非純植物性餐廳合作、接受來自銷售純植物及非純植物產品的企業贊助或廣告、與將純植物飲食和雜食餐點同時列入菜單上的學校合作、與仍然支持著傷害動物的產品或服務的團體共事、與通常烹調動物性食譜的電視主廚合作……不勝枚舉。

與這些並未與我們擁有共同理念的團體合作，情況可能會變得複雜，因此，選擇之一是拒絕與他們合作，如此一來，我們將避免被他們的所作所為「汙染」，也不會受到其他維根主義者的批評。

我們的另一個選擇是務實：我們妥協並接受合作夥伴可能不會完美地傳遞訊息給他們的選民、會員、客戶或員工。當決定是否合作時，我們的決定將取決於感知到的收穫和犧牲。**如果我們不想要務實，那麼展開有助於影響很多人的聯盟機會就會減少；如果我們不妥協，最終我們可能只會在一座孤島上努力及宣講。**

維根運動份子麥特波爾（Matt Ball）這麼說：

很多團體將他們自己侷限在默默貢獻後燃燒殆盡。他們與公眾隔絕，並且不為動物產業的變革提供任何動機。另一方面，更多樣化的組織吸引了廣泛的蔬食者和非蔬食者的加入。他們之所以取得成果，是因為他們能接觸到可能不會分享其全部觀點的個人和企業（Ball, p. 106）

● 關於錢這件事

為了改變環境和影響增值者、為了取得專家技能、為了拓展宣傳管道的深度和廣度、以及為了傳播訊息，組織需要經費。雖然組織有時會被批評他們在募款上面花了很多時間和資源，但**對募款的重視是完全自然且必要的**。當然，人們希望組織應該在金錢的取得及使用上保持公開透明，身為會員或支持者，我們應該監督組織對此負起責任。而組織也無法倖免於愚蠢的選擇、糟糕的策略、不良的管理以及在某些職能上浪費金錢。在任何運動中，都有這類關於專業度的風險，而不只有維根和動物權運動者。

另一個事實是，除了故意的不當行為外，組織可能會變得較不活躍，僅為了留住員工而募集資金。組織需要察覺這種風險，並可以透過成員和捐款者來幫助他們避免這類情況，然而，**腐敗和無效率的情況必須被去除，而非募款本身**。尋求捐款、招募會員或擁有大量經費，都不是羞恥的事。在大多數組織中，最龐大的預算是員工薪水，這是完全正常的事。

人們對於社會改革的態度，出現很耐人尋味的現象。我們之中的很多人都對非營利組織的資金抱持著懷疑態度，我們似乎對人們透過

販售洗衣精或製作電動玩具來賺取薪水感到毫無疑問，但對那些為大眾福祉工作的人們過上舒適的生活，卻充滿高度批判。靠做好事來謀生竟是如此困難，這不是很遺憾的事嗎？我們之中的很多人都願意為動物或其他有價值的理想而全職工作，但卻無法這麼做，因為我們無法從這些工作上獲得足以維生的薪水。

若有能更成功勝任任務的募款人員，個人推廣者也更具有創新創業精神，那麼對於倡導者、組織，維根運動以及我們如此關心的動物們來說，必為一大福音。

● 動物權或維根組織？

如果我們需要堅實、專業的組織，我們也該問：哪一種組織才是我們需要的？在我們的運動中，有兩種選擇。主要或專門談論動物權的**動物權組織**，和使用所有論點進行推廣的**維根組織**（許多國家裡的典型蔬食／純植物飲食社群或團體），即使對動物的關注也是這些團體內工作人員或志工的動機。

正如前面所提，人們有可能出於對健康或環境永續的關心而啟程前往維根村，接著開始對動物產生關懷，那麼將動物權倡議組織及不特別強調道德論點的維根運動組織都一起囊括進來，是相當合理的做法。

一般來說，這個運動中大多數主要組織都是以動物權利為導向。除了某些例外，它們比多數蔬食或維根團體規模更大、更活躍、也更有活力。這種現實可能是因為推廣蔬食／維根主義很難籌集資金和增加會員，因其不一定能夠訴諸動物苦難來吸引支持。動物權團體可以倡導食用動物之外的議題（例如伴侶動物、毛皮以及娛樂和實驗用的

動物），而這在蔬食／維根組織並不常見；後者亦很少針對有利於招募支持者和捐款者的動物福利問題展開活動。動物權組織更容易招募到忠實的志願者，終止動物虐待是個強烈的動機，反對動物虐待或參與直接的行動對許多人來說，尤其是年輕人來說，比起描述對環境的不良影響或圍繞其他主題展開活動，要更具吸引力。

然而，蔬食／維根組織還是擁有一些優勢，他們能更容易吸引那些對動物不感興趣，但擔憂氣候變遷、汙染、全球飢荒或自身健康的人。蔬食／維根團體通常強調食物、口味及生活方式，所有的理由（以及其他較不那麼重要的原因），都是到達維根村的不同道路。動物權組織也能將其他因素包括在推廣之內，但與蔬食／維根組織相比，聽起來的可信度較低；而與健康或環保組織相較之下，可信度又明顯更低了。

動物權論點是唯一能將食用量降至零的論述，但就**目前**來說，它較不具可信度，且與社會及政治上的相關性也較低。不管我們維根運動者喜不喜歡，相較於其他議題，動物議題是更具爭議性、敏感性及危險性的話題。從動物權運動在美國受到的反彈可見證到，好幾個動物權運動都已被歸入反恐法律之列。

從我以上觀察所得出的重點是，考量動物權倡導活動的當前形勢，我們並未擁有夠大、夠活躍的蔬食／維根（非動物權）組織以成功開展以下工作：

★遊說政府關注動物性產品對環境永續及健康所造成的問題。
★遊說健康及環保組織，聚焦在動物性產品帶來的問題。
★與生產商、餐廳和其他企業合作，以改善並增加純植物品項。
★與廚師、烹飪學校和教育機構合作，以提高純植物烹飪的標準並

改善培訓。

僅用以下表格說明動物權和維根組織之間大略的差異：

	動物權組織	蔬食／維根組織
內在動機	動物	
使用的論點	動物是唯一或主要論點	動物、環境、健康、全球飢餓
動物福利改革	積極參與，忽略或抵制	未參與
除養殖動物以外的其他動物	經常開展相關活動	未參與或只有輕度的關注
較大型組織（支薪的員工10人或以上）	Mercy for Animals、Animal Equality、 Humane League、Compassion over Killing、VeganOutreach、PETA、Djurensrätt（瑞典）、HSUS、CIWF、Animals Australia ／ SAFE（紐西蘭）、Anonymous（以色列）	ProVeg International、Vegan Society（英國）、EVA、The Good Food Institute
優勢	● 情感訴求較強烈 ● 募款較容易 ● 能談論食用動物以外的其他動物議題，當作開啟民眾意識的敲門磚 ● 較容易招募有熱情的員工和志工 ● 較容易推動動物福利	● 對制定政策者較具信賴度 ● 較容易獲得補助款 ● 較容易與不同議題的利害關係人合作
缺點	● 在動物之外的議題上較不具可信度 ● 較具爭議性	● 較難招募大量的會員 ● 較難募得資金

結論

創造便利的環境，是可以繞開需要人們具高度動機以導致改變的方法。藉由改造環境，包括開發更好的產品、重整地方餐館、教育廚師、影響價格和為新法展開遊說，都有機會讓做好事變得更加容易。

過去這些年來，社會改革的環境發生了巨大的變化，現在，企業比起以往任何時候，成為重要的改變。當試著去影響整個企業界，從生產商到零售商，維根動物權倡議運動必須軟硬兼施。我們可以對企業施壓，迫使他們改變方向，並採用更加動物友善或蔬食友善的作法；也必須幫助生產商研究、開發和銷售純植物性產品，即使該企業同時也在銷售動物性產品。

機構、商業、結構、政策上的拓展，以及接觸意見領袖和增值者，都需要在維根／動物權倡議運動中，具有充足資金以吸引必要人才和專家的穩固組織。一些現今前景最被看好的組織，如好食品研究所（The Good Food Institute），他們以非道德且務實的訊息來與各機構接觸（詳見下頁專欄）。

好食品研究所（The Good Food Institute）及其他組織

最近幾年來，興起了將焦點放在食品，卻刻意在宣傳訊息中避開動物權倡導字眼的創新組織，即使對動物的關注是他們創立的核心基礎。其中一個例子就是好食品研究所（The Good Food Institute，以下簡稱 GFI），該機構由憫惜動物組織（Mercy for Animals）創立，但目前獨立運作中。GFI 推廣並研發具競爭力的肉、乳和蛋的替代品，為此，GFI 與一系列的利害關係人合作，從科學家、企業家、投資者，到經銷售和零售商。GFI 對人造肉技術尤其抱持希望，並提供機構關於植物肉及細胞培養肉研究及發展的教育內容。GFI 的專業使命、溝通和表現，讓它成為對其有意合作或遊說的利害關係人來說，特別值得信賴的合作夥伴。

新近兩個成立的非營利機構是新收穫（New Harvest），他們的目標在於提升細胞農業（cellular agriculture）的突破；現代農業基金會（Modern Agriculture Foundation），是一個完全以志工為基礎的團體，聚焦在開發人造雞肉。

在澳洲，一個年輕的運動份子湯瑪斯金（Thomas King），意識到透過成立一個致力於在當地推廣創新肉類替代品，並值得信賴的團體，能帶來無數機會去幫助動物、地球以及人類健康。他離開了在動物權倡議領域的工作，創立了一個名為食物前線（Food Frontier）的新組織。這個組織也聚焦在制度變革，並強調健康和環境觀點，而非道德觀點。

　　值得注意的是，正如這些組織並不強調吃動物食品的道德觀點，故出於策略因素，它們也都把「維根（Vegan）」這個詞從組織名稱中刪除了。

05
支持
鼓勵每一步

「傾聽者在進行的，就是溝通。」

——彼得杜拉克（Peter Drucker）

　　我們已談及行動呼籲、論點以及環境。現在，來探究我們身為支持者和催化者的角色。我們希望能與人溝通，以盡可能讓更多人開始、持續並完成至維根村的旅程。為達到此目標，我們需要鼓勵他們、給予方向，並告訴他們在何時及何處能喘口氣。我們與他們對話的態度，可能讓人們更願意開始或持續，也可能讓他們萌生退意。**最重要的是，我們必須傾聽他們的想法。**

　　簡單來說，這個章節所探討的內容是關於如何與我們的受眾溝通，無論是個人或團體、一對一或一對多、對街頭的路人或具有影響力的人，例如餐飲公司的執行長。有個原則是務必要注意的：**在交流時，我們應從受眾的角度去思考。**

　　我們任務中很重要的一部分，是歡迎大家加入我們的團隊。為此，

在這個章節，我也會用實務的觀點去看待維根主義（veganism）的概念。本書談得最多的是減量，然而，我已強調減量訊息應被視為「採取維根生活」行動呼籲的補充。現在讓我們來檢視該如何建構這項訊息。

閱讀此章節時，請在心中謹記目前為止我們所學到的主要重點：

★大量的減肉族群可能是改變這個體系的較佳方法，因他們驅動了需求和供給。當選擇變多及社會接受度增加時，要進入更加嚴格的階段，也會變得較為容易。

★我們不須每次都採用道德論點。非道德的動機也能進展為道德動機，無論最初的理由是什麼，人們在踏出第一步之後，憐憫之心就會增長。

★我們必須透過體制上的改革，來創造出便利的環境。

以受眾為中心的溝通方式

「你永遠無法徹底了解一個人，除非你能從他的視角去思考。」

——哈波李（Harper Lee）

● 影響力許可證

如我先前所說，並非只有維根運動為動物創造了改變：企業、健康及環境組織，以及各種機構也會以較間接的方式推動改變，有的是受到維根主義的影響，有的則否。儘管如此，維根運動仍將繼續在可預見的未來扮演重要角色。維根運動的力量有賴於推廣者或支持者的溝通技巧，我們溝通和倡議的方式愈具效率和說服力，就能取得更大的進步。

在這裡我用特別廣泛的概念，來談論「溝通」這個主題。**溝通不僅是指我們說話或寫作的方式，還包括其他人對於與我們相關的一切之所見及感受。**「溝通」是我們在社群媒體所發表的內容、我們在餐廳裡的行為、我們的烹調方式、我們所吃的食物、我們如何購物；是我們閱讀、觀看、分享的內容；是我們穿的衣服、和我們看起來的樣子；是我們整體的態度，特別在某些情況下（我們是歡欣鼓舞，還是悲悽哀愁？）；「溝通」包含了一切。

我們可以觀察到，有些人是更具成效的動物權倡議者，我們之中的有些人作風顯得太過強烈，有些人又過於安靜。前者對自己的信念可能太過自信，反而在倡議時太過急躁而降低效果；後者可能太害羞或認為自己沒有資格跟別人談論他們該吃什麼。在推廣過程中，應該在這兩種極端之間取得平衡。

對於較安靜的人：如果我們對於改變的冀求，是建立在理性論點和同理心的基礎上，那麼嘗試去影響他人是完全能被接受的。顯然地，我們不應強迫他人採取純植物飲食——事實上，這本書的大部分內容都是關於如何不要這麼做——但我要強調一點，**對於希望打開人們的心胸和心智，我們不應感到羞愧或尷尬。**倡議這件事沒什麼特別的。每個人都在做銷售，每個爸媽、每個孩子、每個丈夫或妻子都在試圖改變對方的想法——通常是為了達到比起我們目標要庸俗得多的目的。此外，即便我們不想這麼做，還是無法不去影響我們週遭的人。

應該這麼說，作為動物的朋友，不應認為自己沒有權利去影響他人，即便本身非純植物飲食者或蛋奶素食者。**任何人都能為動物做有益的事**，我們不應認為非純植物飲食者不能做任何正確的事，而純植

物飲食者就不會做錯任何事。我們不應認為非蔬食動物權倡議者，比單純作為純植物飲食者（甚至是個不積極的純植物飲食者）要不具價值。毋庸置疑地，像是《吃動物（*Eating Animals*）》的作者喬納森薩弗蘭弗爾（Jonathan SafranFoer），或哲學家彼德辛格（《動物解放》的作者）等人，在降低動物性產品的消耗上，比我們之中的幾乎任何人都更具成果，但他們都並非（嚴格）純植物飲食者。

只是選擇的問題嗎？

　　人們也許會告訴我們，飲食是個人選擇（還會補充說道：「我尊重純植物飲食者」）。當然，我們是應該尊重個人選擇的自由，但同時，我們可以在適當的時機明白表示：**他們並不是在挑選客廳新壁紙的顏色**。對動物來說，這並非藍色或綠色的問題，而是遭受折磨與否，是生死攸關的問題。儘管人們仍然可以自由選擇吃什麼食物，但我們至少可以表示，那些選擇蛋奶素或純植物飲食的人，其論點比起雜食者的論點還要更站得住腳。每個關心理性對話的人都應該考慮到這一點。

　　此外，一般大眾其實並非自由地選擇自己想吃什麼。人們會受到超級市場、生產商和餐廳的哄騙所影響；政府補助及政策偏移了市場，讓某些食物更容易取得且較其他食物更便宜；我們都會受到價格及促銷活動的影響；我們很難去選擇跟我們的父母、祖父母或我們國家或文化的人現在和過去所吃的不同的食物。我們多數都處

於能自由選擇我們想吃的食物的**假象**之下。我們都被梅樂妮喬伊稱為「肉食主義（carnism）」（2010）的信念體系所影響。我們對純植物維根生活的呼籲並不會更加限制我們的雜食朋友；甚至能夠解放他們。

我們應該認為我們的影響力與媒體、家庭或同儕並無不同。然而，我們應避免帶有強迫或操控性。**試圖影響他人**並非犯罪，而**是一門藝術**。始於不去想著要說服他人，而是幫助他們打開心扉；勿表現得像個道德鬥士、法官、或警察，而是成為一位支持者。

● 我們的目標：造成影響

我們在溝通時（再度強調，廣泛而言），務必將此問題牢記於心：**我對動物造成了實質的影響嗎？**你可能會想：當然啦，不然呢？讓我們來看看一些我們可能在有意或無意之下，關注過多的其他動機。

影響力並非說出我們的真相。如果在晚飯時間，被問及我們為何吃蔬食，而我們開始批評動物所受到的可怕折磨，那麼我們也許是在說真相——也就是我們的真相——但我們可能會讓餐桌上的某些人漸行漸遠。在這種情況下，傳達我們的真相並不那麼重要，而且可能適得其反。我們討論的事實愈主觀，問題可能就愈大，諸如「吃肉就是謀殺」或「乳製品是強姦的暴行」等陳述，就有待解釋和說明（請見下頁專欄）。我們沒有說出那些事實，並非就是背叛了自己或是動物，相反的，當我們思考如何才能改變人們的時候，才是在為動物提供最大的幫助。

影響力無關乎觀點的正確性。無論是提到我們相信自己在客觀上是正確的這個信念，還是我們在客觀上確實是正確的，正確性或一致性並不必然對我們想達成的目標產生真正的影響。我們提出「吃動物是謀殺」的論點時，在定義上也許是正確的，但如果對方不同意，那就會產生爭論。我們都樂見自己是對的（那是很棒的感覺！），因此我們經常會不顧一切地追逐這個目標。但如果我們持續著自以為是的態度，就可能會錯過一些學習的機會，因為我們不希望對談者向我們提出矛盾對立（但或許同樣是正確且真實）的論點。

吃肉是謀殺嗎？

　　「吃肉就是謀殺（meat is murder）」，是一個眾所周知的口號〔在二十年前由史密斯樂團（Smiths）提出〕。這個口號也常常出現在胸章和貼紙上，且為維根主義者的部分論點。但吃肉真的是謀殺嗎？嗯，就目前謀殺一詞的定義來說，並非如此。現今，「謀殺」在法律上是指奪取另一個人類的生命。它也適用於惡意的意圖，但這並非雜食者或屠宰者的本意（我們如此假設且希望）。再來，我們是指宰殺動物為食是謀殺，或者吃肉本身是謀殺呢？

　　你會發現「吃肉是謀殺」這樣的說法是有問題的。也許這是我們認知的事實，我們全心全意地相信著，但對其他人來說卻非如此。我們可能試著改變他人，而有些人可能也會認同我們是對的。但**我們真正應該去關心的，不是吃肉到底是不是謀殺，而是這個口號是否有效。**人們會更靠近我們、改變心態並傾聽我們的論點，還是會

打造全蔬食世界

被我們所說的話激怒？他們是否感到我們在指責他們，讓他們感到罪惡？他們是否認為我們自認為在道德上高人一等，不滿我們讓他們感到不舒服，而因此更不願意改變？

　　這些問題很難回答，而我們可能永遠也無法確定這些討論會對他人造成什麼影響。的確，我們的對談者可能甚至連自己都不知道。然而，我們仍能對人們的反應持開放態度：人們確實在思考我們所言，或者升起了防衛心？他們喜不喜歡我們？他們是否享受這場對話，或者一點也不？

　　讓我們更加具體地來討論這個問題，以及「闡述自己的事實」和「有效率地發言」這二種溝通方式。想像有人這麼問你：「**所以，你認為我是謀殺犯嗎？**」我無法想像在多數情況下，以肯定的方式回答能夠導致具有成效的對話。

　　影響力並非贏得爭論。即使對方認同我們是對的，也不見得能帶來正面效應。銷售上有句話說：「贏了爭論，丟了客戶」，當對方感到自己輸了，他們對我們或我們議題的同情心可能也會減少。富蘭克林（Benjamin Franklin）說：「爭論、埋怨和反駁，有時或許會取得勝利，但這將是一次空洞的勝利，因為你將永遠無法獲得對手的好感。」（Carnegie 122）

　　致力於觀點的正確性、贏得爭論和說出我們的真相，會導致我們對目標的分心。**影響力關乎真正的改變**，例如，幫助他人對改變採取

更加開放的態度，並以有助於減少動物痛苦的方式來與對方溝通。如此一來，那麼贏的不僅僅是我們，而是每一個人。

你可能聽過哲學家傑瑞米邊沁（Jeremy Bentham）的名言：「問題不在於：他們會思考嗎？或者：他們會說話嗎？而是：他們會感到痛苦嗎？」為了強調影響力的重要性，以下是我自製的變化句：

> **問題不在於：**
> **「我是對的嗎？」或「這是我眼中的事實嗎？」**
> **而是：「這有效果嗎？」**

● 這並非與你有關，而是與他們有關

維根主義者確實地相信自己有個極度重要的訊息，人們應該要仔細聆聽。就我的觀察，透過把注意力集中在欲交流的對象，而非我們自身或者我們的訊息，將使我們能更有效地觸及到這些人。如果我們拒絕這麼做，且說「不，這攸關動物，而非他們！」那麼我們已經落入只對**我們**想要的東西感興趣的陷阱——即使這關乎於動物。

有些人受過良好訓練而能將注意力放在他人身上。治療師能專注在他的客戶身上，並隱身於背景之中，他會專注地傾聽，並且當他開口時，多半是為了提問。然而身為推廣者，我們通常以相反的方式行事。我們認為我們已經準備好一種療法，能夠解決所有人和世界上的

問題，人們只須聽我們的意見並照做即可。

關於如何與人們談話、影響他人並進行有價值的對話的好書之一，是卡內基（Dale Carnegie）的經典著作《卡內基溝通與人際關係：如何贏取友誼與影響他人（*How to Win Friends and Influence People*）》。儘管書名是這樣，但卡內基的暢銷書並非關於如何操控他人，而是如何真心誠意地對他人感興趣。卡內基將焦點放在受眾的需求上：「**當然，你對自己想要的東西感興趣，但別人可不。我們其他人就跟你一樣：只對我們想要的東西感興趣。**」

想想你的朋友和家人中跟你有最佳談論經驗的人，你可能會因為不同的原因而喜歡與他們對話。他們可能會說有趣的故事、可能妙趣橫生，讓整個房間生氣勃勃，但你享受他們陪伴的原因，很可能是因為他們表現出對你感興趣。他們誠摯地問你過得如何，不只是形式上的，而是他們真的想知道，他們想知道你的想法，也想知道該如何幫助你。他們是能聆聽你的故事的人。

如果我們希望其他人對我們想說的話敞開心胸，那麼我們就必須成為那種人。是的，這完全可以是種操作，但因關心人們而真心誠意地對他們展現興趣也是可行的，正如同我們關心動物一樣。

● YANYA：你不是你的受眾（You Are Not Your Audience）

以受眾為中心的一個面向是，我們意識到自己不一定跟我們想接觸的對象是同一類人。「你不是你的受眾」（我簡稱它為 YANYA 原則）意指，適用於你的並不一定適用於你的目標受眾。舉個例子，你只是因為看了《地球上的生靈》這部影片，就成為純植物生活者，並不代

表所有人都會這樣，或應該這樣。在心理學上，認為每個人對某個議題的看法和思考方式都跟你一樣的概念，稱為「錯誤共識偏差（false-consensus bias）」。

人們彼此在諸多領域中有相異之處，而在能夠影響其思考和行為的事物上尤為如此。我們的年紀和教育程度不同，這有助於判定我們對於新概念或習慣的開放程度；我們在心理和情感上的靈活度、認同新概念的速度、和學習能力都不同。我們之中有些人比較善於烹飪，有些人患有過敏或慢性病，這可能使我們更難以採用特定的飲食；我們之中有些人喜歡新食物，有些人則謹慎小心；我們每個人都經歷了不同的童年；最重要的是，我們感興趣並熱中於不同的事物。有些人關心環境，有些人關心健康，也有些人關心自己的荷包，有些人似乎不關心任何事。

去檢視我們自己和他人差異的一種方法是利用著名的「創新擴散（diffusion of innovation）」模式（請見圖 14），該模型試圖解釋並預測新概念和新科技擴散到整個群體的速度（Rogers）。

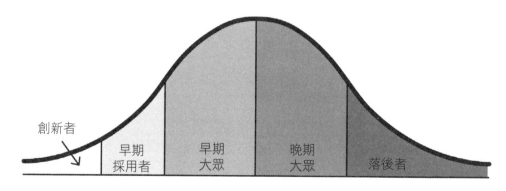

圖 14：創新擴散理論（Diffusion of Innovation）

讓我們以智慧型手機作為例子。請見圖 14 的創新曲線，猜猜你位於哪個區間。如果你居住在高科技國家，而你在 2005 年購入一支智慧型手機，那麼你就是創新者或早期採用者；如果你在近期（例如 2017 年）才購買你的第一支智慧型手機，那麼你就是晚期大眾類型。你謹慎小心，喜歡等到確定之後才行動。

我們傾向認為所有人都是創新者（以這個模型來說，維根主義者是創新者），這個圖表說明了人們對於採用他們認為新穎的事物，有不同的動機和擔憂。**以影響創新者或早期採用者的論點，試圖去讓晚期大眾立刻接受，是錯誤的作法。**

記得在第一章中所羅門阿希（Solomon Asch）關於從眾（conformity）的實驗嗎？從這個實驗中，我們得知：**許多人具有與他人一致的強烈需求。**在食物的選擇上也一樣，從眾者不希望被視為偏離常規。有些人會等到感到「安全」的時候，才會轉換到另一種飲食或產品。知名的行銷大師賽斯高汀（Seth Godin）這麼說：「商人所犯的錯誤就是將自己非主流的想法，加在不喜歡非主流想法的人身上，而不是花時間去進行逐步發展」（2015）。高汀建議要**依照受眾的屬性來改變所使用的字彙**：對於創新者，要使用**新的、突破性**或**先驅**等字眼；而對其他人則使用**經證實的、已確立的**或**大家都**等單詞（2017）。

高汀和其他人所說的是，我們應該切換到人們所在的頻率，並訴求他們已經重視的價值，而非告訴他們該擁有什麼樣的價值觀。我們經常傾向於認為能用對我們來說有意義的論點來影響人們，我們認為這個論點實在太有意義了，其他人一定是腦袋有問題，才會不同意。但其他人可能對我們的論點或理性的辯論，一點都不感興趣。尤其當

談論到食物（或甚至肉類），人們可能表現得非常不理性。人們會竭盡所能，忽略各種警告，以便繼續吃自己從孩提時代就喜愛、並連結美好家庭時光的食物。

當然，維根／蔬食推廣者也與想吸引的受眾有共通點。多數人在某種程度上關心某些動物，但這種價值取向通常不足以讓人做出改變，故我們不應過快地採取下一步行動，並說：**你關心動物，所以你不應該吃肉**。這樣的結論通常太操之過急，可能導致困難或失敗。自稱喜愛動物的人也可能有其他價值觀——如同他們可能有其他考量、問題和恐懼，若我們忽略這點，會是相當不明智的作法。

我們可以嘗試將自認為具說服力的論點施加在每個人身上，如果他們不改變，就譴責他們，但通常這樣做只是在欺騙自己。對我們而言，較好的解法會是：記得我們並非我們的受眾，並且去練習每個推廣者都能發展、最重要的技巧：站在他人的立場思考。（to walk in another's shoes；**穿著別人的鞋子走看看**）

站在他人的立場思考，意指我們試著去想像另一個人的感覺。他們是誰？他們面臨什麼問題？他們如何看待我們的問題、如何聽取我們的訊息？他們關注什麼？他們忽略了什麼？對他們來說什麼是不可置信、愚蠢或行不通的？同樣重要的是，他們如何看待我們身為訊息傳遞者的角色？我們在他們心目中的可信任度有多高？我們有多和善？或多令人厭煩？

站在他人的立場思考，是能夠習得的技能。即使我們對自己的同理心感到自豪，但多數人仍發現自己難以設身處地為別人著想。即便認為自己已經正在這樣做了，我們仍然可以持續改進。有些因素可能

就是無法放棄垃圾食物

在拉斯維加斯「心臟病發作燒烤店」（Heart Attack Grill）的菜單上，你會發現帶有健康警告字樣的漢堡，如「四重心臟繞道手術漢堡（quadruple bypass burger）」。女服務生會裝扮成（性感穿著的）護士。一位在入口處接待客人的病態肥胖男士，幾年前死於心臟病發。但人們自願且在知情的狀況下走進這家餐廳，並為自己點一份這類餐點。

說明人們在面對食物時能夠多麼不理性的另一個例子，發生在數年前。主廚奧利佛（Jamie Oliver）向英國的一些學校推出了健康午餐計畫。其中一個學校的學生繼續在街角的麥當勞或漢堡王吃著他們慣吃的垃圾食物時，老師們決定不讓學生在午餐時刻外出，讓健康（至少比較健康）的餐點成為他們的唯一選擇。一些學生的母親對這個決定感到非常憤怒，她們從學校圍牆外接過學生的訂單，去了他們最喜歡的速食店，並在接下來來的幾週內，每天替學生帶回七十份的餐點。

這些例子很清楚地顯示，美食當前時，人們會失去理智。

會阻礙我們理解另一個人的感受。我們可能有階級、性別、種族或其他偏見（和特權）。我們可能待在我們的維根舒適圈太久了，以致於已經忘記身為雜食者的滋味。

由於溝通媒介的限制，我們很難透過線上討論來理解非純植物飲食者，不管那些限制是推特（twitter）的單篇最多可使用 140 字的字數限制、多平台自動同步貼文、或不斷冒出來的網路評論。我們可能會被惹毛，以至於根本不想了解對方的來歷；我們可能會說我們不在乎別人怎麼看、聽或理解我們。這是很完美的發洩出口和態度……如果我們不需要「銷售」什麼的話。但是，我們有**很多東西**想要出售！

有些人可能認為，根據某種清楚描繪出在我們推廣活動中被允許或不允許的意識型態或哲學思考，我們只能使用某些明確定義的技巧去接觸群眾。有些維根主義者認為，去考慮他人的處境是不道德的，他們只想將他們的訊息以純粹、未經攪雜的形式表達出來。這在某種程度上是站在他人立場思考的反例，這是一種深信**別人**應該穿著**我們**鞋子走路的信念，不管他們合不合適或喜不喜歡，只因它們是唯一一雙**正確的**鞋子。

汽車銷售員試圖了解潛在客戶在乎什麼價值，他們對年輕父母談論汽車的安全性，並對單身男子強調車子的酷炫特質。銷售員明白並沒有唯一的「正確」說法來銷售汽車，也不擔心必須遵循他們從大學銷售教科書上習得的規則和指引。他們所知道的是，如果為受眾量身打造適合的話術，他們就能成為最成功的銷售員。在心中謹記受眾，意指並沒有一種正確的方法，但我們必須不斷適應，並找出最適合的方法。

一些練習

● 故意唱反調

有個練習有助於你採用其他觀點，那就是故意提出相反意見，並試著去創造一個與你自身立場相對立而具說服力的說法，無論是與你自己或其他人對話都可以。

舉例來說，你可以提出：轉換純植物飲食真是很大的挑戰（挑一個你基本上不認同的論點）。如果你（在唱反調上）做得很好，你可能會發掘到比以前認為的更多且／或更好的論點。

● YANYA 練習

試著將自己想像為雜食者，而非蛋奶素或純植物飲食者，對以下的陳述有什麼感受。將每個情況逐一仔細想過，也能徵求你雜食朋友們的意見：

★柯林頓（Bill Clinton）總統在報紙上被吹捧為純植物飲食者，而實際上他吃魚。

★有位純植物飲食者不想吃某個三明治，只因它碰到了含肉的三明治。

★非猶太裔的純植物飲食者將發生在動物身上的事，跟二次大戰的納粹大屠殺做比較。

★當白人純植物飲食者將動物畜牧業與蓄奴制相比，有色人種會怎麼想。

★純植物飲食者拒絕參加聖誕節或感恩節餐會，因死去的動物被當成食物端上桌。

● 傾聽的藝術

我們如何說一件事，以及和他人之間產生的互動，可能比實際說的內容還來得重要。如作者馬雅安傑洛（Maya Angelou）所說：「我了解到人們會忘記你說了什麼，忘記你做了什麼。但**人們永遠不會忘記的是，你帶給了他們什麼樣的感受。**」最終，會讓我們談話的對象留下印象的是整體互動過程的某些感受。不管那些感受是正面或負面，都並非取決於我們所提出的論點，而是取決於我們的整體態度。換言之，過程可能比內容更重要。我們有多友善？我們是否讓對談者說完了想說的話？是否讓他們感到我們理解他們的想法，或是我們完全只自顧自地說？在此最重要的問題也許是：我們有好好地傾聽嗎？

傾聽的技巧對於倡導者，以及想要成為一個令人愉悅的人來說，是極為重要的。想想那些你所認識的不及格的傾聽者，他們不停說話，而當你說話時，你搞不清楚他們究竟聽到了沒，沒有任何跡象顯示他們有在聽。他們立刻又開始談論自己的事，幾乎不問問題；即使問了，也不會聽你的回應。多數人都認為這種人令人既疲憊又厭煩。

身為熱情的動物權倡議者，我們可能比一般大眾更難以發揮耐心去聆聽。我們要提供的是非常重要、能改變人們一生的訊息，而其他人只需閉上嘴巴聽我們的！我們希望讓全世界聽從我們所掌握的所有事實，我們希望聽眾理解我們的論點，遵循並複製我們的思考及行為，最好不要有任何質疑。此外，我們相信無論聽眾怎麼說或抱持反對意見，這些內容我們都已經聽過了，幾乎沒必要再聽他們說話。於是，我們很容易變得以自我為中心，並與聽眾失去了連結。

相反的，優秀的傾聽者讓我們感受到被傾聽了。他們認同我們，

他們的關心和出現使我們感到備受重視。然而，有時候當人們與我們討論某個問題時（可能與另一半相處有問題，或與他們的母親或兒子發生爭執），我們會思考該說什麼，如果沒有被其他思緒干擾的話。但你並非總是得說些什麼。我們提出的解決建議可能受到贊同，但**通常人們需要的，只是真正在傾聽他們的人**。馬歇爾盧森堡（Marshall Rosenberg）在他的書《愛的語言：非暴力溝通（*Nonviolent Communication: A Language of Life*）》一書中這樣寫道：「別只想著要怎麼做，就這樣陪伴著吧。」（Don't just do something, stand there.）盧森堡說，認為我們必須「解決問題」並讓人感覺更好的信念，會讓我們無法置身於當下（p. 93）。他引用了心理學家卡爾羅傑斯（Carl Rogers）的話：

> 「曾幾何時……有人真正聽到了你的聲音，卻沒有對你做出任何評判，沒有試圖為你承擔責任，也不試圖影響你，這種感覺簡直是超級美好！當我被聽見且仔細傾聽時，我就能以一種全新的方式感知我的世界，並持續前進。令人驚奇的是，當被傾聽時，原本看似無法解決的問題，變得明朗了；原本看似無可救藥的一團混亂，也變得清澈並開始潺潺流動。」（p. 113）

　　暢銷書《與成功有約：高效能人士的七個習慣（*The Seven Habits of Highly Effective People*）》的作者史蒂芬柯維（Stephen Covey）說：「多數人在聽人說話時，目的並非出於理解；而是為了要回覆。」當輪到我們說話時，準備好回答的內容並不一定是件壞事，尤其是當我們參與公開辯論時。但是，在腦中構成的回應顯然將影響我們傾聽的品質，並妨礙我們對他人的理解。

如果對方沒有意識到你正在傾聽，那麼傾聽的效果將連一半都達不到。試試這個實驗：告訴一個對話夥伴，不要向你提供任何言語或非言語的暗示，例如點頭或說「嗯嗯」或「OK」。這很奇怪且惱人，不是嗎？這些細微的回饋反應在對話中是非常重要的。時不時去解讀對方的話也是有用的（「所以你的意思是……？」），因為這種回應有助於你更專注地去傾聽，並讓對方感到被傾聽。提問也是如此。當然，我們利用解讀和提問的技巧時，都不應是為了假裝傾聽或同理對方的機械化過程。我們必須真誠地對他們的答案感興趣。

在《動物權利推廣者行動手冊（*The Animal Activist's Handbook*）》一書中，麥特波爾（Matt Ball）和布魯斯佛里德里希（Bruce Friedrich）更進一步指出，當人們有問題或提出異議時，我們可以考慮以提問來做回覆。

這樣做之所以有效，基於以下三個原因：

1. 我們可以讓人們思考；
2. 我們讓他們感覺被聆聽，接著他們可能也以傾聽作為回饋；
3. 從他們的回應中，我們能獲得更多關於他們的訊息（p. 49）。

這個技巧最明顯的例子，是用「你為什麼吃肉？」來回應「你為什麼吃素？」這個問題。

當然，當我們溝通時，會希望他人也能接收到重點。和人們分享我們的觀點、價值觀和真相，絕非在浪費時間，尤其當他們要求我們傾聽時，務必記得專注在過程中並傾聽，並且要斟酌你所提供的訊息量，拿捏好分寸。我們通常認為，提供的資訊愈多愈好，但這很容易

讓人精疲力竭。此外，人們傾聽的能力也有限，他們很快就會感到無聊或分心。

我們傾聽得有多好，可能牽涉到我們無法控制的幾個因素（舉例來說，有些人可能有明顯注意力短暫的問題），我們應該避免讓人們有理由不聽我們說話，技巧之一是**讓我們與聽眾看起來差異不大**。走入人們的世界，意味著我們了解他們的渴望、目標及感興趣的事物；也意味要使用他們的語言和行話；甚至意味著擁有和他們類似的外表。

從研究可知，我們的樣貌將影響我們的可信度以及人們與我們的關係。如果我們在大型企業內部做簡報，我們會選擇與在綠色嘉年華（ecofest）群眾前演講時不同的穿著。在《叛道（*In Rules for Radicals*）》一書中，索爾阿林斯基（Saul Alinsky）提出更嚴厲的忠告：「若追求徹底改革者發現留長髮會為溝通及組織帶來心理障礙，他就會剪去長髮。」阿林斯基補充，「我所要做的是，與這個社群中的人們進行紮實的溝通」（p. 19）。

本章的其餘部分，包含為達到「紮實的溝通」所「要做」與「別做」的事項。

● 輕步走著

了解他人──讓他們敞開心扉，進而幫助動物的先決條件──代表理解所謂「巨大的維根差點」*。「差點」是我從高爾夫領域借來的字眼，以指出推廣初期的劣勢，描述當倡議者告訴人們不要吃動物時，

譯註：差點：高爾夫術語，意指球友打球的水平與標準桿之間的差距，以反映出球友現階段的能力

他們需要面對多強的防衛心。倡議者可將這種防衛心態歸咎於雜食者的懶惰及冷漠。然而，我認為去檢視另外兩種情緒：罪惡和恐懼，會更有價值。

■ 關於罪惡感

多數蔬食者都有這種經驗，而且往往不只一次。和其他人一起圍坐在晚餐桌前，他們知道或在某個時間點發現你是蛋奶素食者或純植物飲食者，對話轉換到關於不吃肉的討論時，在這種情況下，雜食者通常會變得防備且氣憤，即使你的態度是包容且開放的。蔬食者須了解，我們的存在就足以讓非蔬食者感到彆扭，這種不安會影響整場對話以及非蔬食者的態度。

如我先前所說，我相信多數人都知道，現今動物的飼養方式與他們認為適合對待動物的價值觀：仁慈而非殘忍，關懷而非剝削，並不一致。一般大眾或多或少意識到豬、雞和牛經歷了他們不希望自己的狗或貓遭受到的痛苦。他們認為購買「人道肉品（humane meat）」（並相信有這種事情）會比較好，或認為殺害動物來吃是不對的。面對這種信念和行為的不一致，許多人會產生罪惡感。人類學家發現，許多前現代文明以特殊的贖罪儀式來消除對於殺害動物的罪惡感（Serpell）。雖然，現今我們多數人不再跟所食用的動物生活在一起，但許多人可能對於我們對動物不加思索的剝削，比過去更有罪惡感。

蛋奶素食者和純植物飲食者就像是活生生的告示，不斷提醒人們的認知行為差異及罪惡感，我們將非蔬食者可能正嘗試壓抑的認知失調搬上檯面。「光是有蔬食者在場，就會增強食用動物的失調經驗。」研究人員根據一項研究如此寫道（Rothgerber 37）。非蔬食者不願聽到

打造全蔬食世界

內心嘀咕著自己不道德，並且終其一生都在做的行為。

這樣的覺悟實在不好受。正如梅樂妮喬伊所說：「沒有人想被視為壞蛋，人們會竭盡所能避免從負面的角度看待自己，包含拒絕支持他們原本會認同的信念。」（2008, p19）。在第三章裡，我們談過人們如何減輕內在衝突（降低失調策略），人們會搬出各種糟糕或立論薄弱的論點，來將吃肉合理化。

和獵人的對話

外號維根兄弟（Vegan Bros）的麥特利坦和菲爾利坦（Matt and Phil Letten），為「以受眾為中心的溝通方式」提供了很棒的範例。若有人對動物權倡導者表明他／她喜歡狩獵，並問及我們的看法時，維根兄弟建議我們應該做出回應，如此一來獵人就不會處於防衛狀態，或假設我們對他／她有敵意。

他們建議這麼回答：「我不會說打獵是件好事。但遠不及工業化養殖那麼糟。」許多動物權倡議者認為這樣不對，因為這個回應似乎縱容了打獵的行為。然而，我們說的是實話：「打獵不如工業化養殖那麼糟糕。」以這種方式建立對話，意味著將對話轉向了工業化養殖。**當雙方都對同一主題達成共識，你就找到了一個可展開對話的起點。**此外，獵人可能會視你為願意敞開心胸討論且能理解他們（打獵行為）的人。

當人們看到他人做出更符合道德規範的選擇時，會對他們採取憎惡和詆毀的態度，這種現象被稱為「好人貶損」（Do-gooder derogation）（Minson and Monin）。研究指出，以道德考量來購買服飾的人，像是衣物是否由血汗工廠所製作，會被「故意的無知者」批評為古怪、不性感和沒有吸引力。其中最棘手的問題不在貶損本身，而是這種貶抑的行為會減低貶損者日後對道德價值的遵循。作者聲稱，這種貶抑的行為，部分源自於當消費者在與他人（如純植物飲食者）做了負面的社會比較時，所感受到的自我威脅。因此，純植物飲食者應減少這種負面的反差，這樣的反差並不會促使人們採取更好的消費行為。相反地，該研究的作者建議，他們應該「鼓勵消費者展現道德提升，而非基於自我防衛而對他人進行負面批評。」（Zane et al.）

非蔬食者經常抱怨蛋奶蔬食者或純植物飲食者愛說教且道貌岸然，許多時候這是事實，部分原因或許來自於維根主義中強烈的道德偏誤，以及自 1970 年中期以來動物權利倡導的哲學基礎。的確，包含我本人在內的維根主義者，在談到「道德維根主義」和「教育他人」時所用的方式，都可能帶給人具有道德優越感的印象，並暗自假設那些跟我們觀點不同的人，都是粗鄙無文的人。

然而，上述的研究清楚指出，非蔬食者認為蔬食者愛說教的抱怨，一部分是由非蔬食者的防禦心所驅動。**為了讓非蔬食者停止這樣思考，蔬食者能做的是談論自己的不完美**：我們做了那些自知不該做的事，或者我們並非一夜之間就轉變為蔬食者，而需要經歷自我說服的過程。蔬食者必須向非蔬食者展示，我們並非某種有著高不可攀的道德或紀律的外星生物，這一點是非常重要的。

如何成為一個不批判的蔬食者／維根主義者

很多蔬食者／維根主義者會認為不去責怪或批判雜食者，是難以達到的境界。儘管如此，我們仍要嘗試著不帶批判，或至少不要顯現出來，因為多數感到被批判的人將較不願意傾聽及改變。根據我的經驗，沒有人喜歡「批判者」。以下是一些避免成為批判者或看起來像批判者的叮嚀：

★ **培養你的自我覺察。**當你開始批判時，試著意識到此事。覺察是改變的第一步。

★ **意識到你並不了解這個人或他們的處境。**試著去想某件你批判的事，可能有其他原因。意識到他們的行為可能具有充分的理由，能讓你瞬間平靜下來。你可能會咒罵車陣中橫衝直撞的駕駛，但如果他是為了趕去醫院探望他瀕死的母親呢？

★ **記住，每個人都是不同的。**我們被以不同的方式養育成人，擁有不同的遺傳結構，過著不同的生活。由於這些原因，我們做事的方式有所不同，可能需要更多時間來進行改變。

★ **承認你自己也不完美。**身為維根主義者並不會讓你在生命中所有面向都變得美好。小心，自身有過，勿道人之短。

★ **記得你（可能）也曾是食肉者。**除非你自出生就只吃植物，否則可能也曾和非純蔬食者有同樣想法，並使用相同的論點。（而如果你是從小被以純植物飲食養大，那也不是你意識下的決定）

你是在某人告訴你吃動物是錯誤的當下,而決定轉換純植物飲食的嗎?還是因為你的環境使然?

★**理解人們可能在做你沒有做的偉大行為。**他們可能在收容所裡幫助無家可歸的人,在人道救助組織裡擔任志工,或捐錢給好的公益事業。你並沒有比他們更有道德或憐憫心。

★**換個角度思考。**想想有人批評你做錯事的情況。如果你遇到比你還要「更維根」的人,你會如何反應?或者他不只是個維根主義者,而且還是個公益人權律師?試著誠實一點。你可能認為你是理性小姐或先生,會承認錯誤並改變自己的行為。但比較可能的是,你會開始找理由,以維護自我價值感。

★**意識到試著不批判是與效益有關的。**如果能停止批判,你的推廣行動將會更好——對動物、對你批判的人、甚至對你自己。

　　關於罪惡感在驅動行為改變上究竟起何種作用的研究,是十分複雜的。罪惡感在某些情況下肯定能引發改變,但我們須謹慎地將其融入我們所要傳達的蔬食／維根推廣訊息裡。建立在罪惡感上的訊息,可能讓他人更不會去做你希望他們所做的事情,因為這些訊息更可能激起他們的自我防衛,而非促進其採取行動(Brennan and Binney)。

　　當我跟非蔬食者互動時,我心中假設他們已帶有某種程度的罪惡感,此時以責難的語氣加強罪惡感,或暗示他們是殘酷罪行的共犯,是沒有幫助的。我發現**比較有用的做法是提供非蔬食者應對罪惡感的**

方法，實際作法是幫助他們避免食用動物。若要責怪，最好將目標指向肉品產業，但同時不讓人們認為消費者不須承擔任何個人責任。梅樂妮喬伊談到：「在挑戰與支持聽眾之間，走出一條良好的平衡。」（2008, p. 119）

■ 關於恐懼

緊接在罪惡感之後的是恐懼。有些蔬食者可能會認為，與動物所承受的痛苦相較，人們對於要採取植物性飲食所表現出來的恐懼，既可笑且不重要。我能諒解這樣的想法，但僅發牢騷並不能有效地處理這些顧慮。

站在他人的立場，並思考他們可能有什麼樣的恐懼──那些你可能遺忘已久的恐懼。人們恐懼他們將無法再像現在一樣享受美食、會失去健康、在晚宴或家庭慶祝活動將不再受歡迎；受到所愛的人嘲弄，甚至被排斥；或當他們無法完全採純植物飲食時，會被維根主義者批評羞辱；恐懼失去部分的自我而變成另一個人……或其他焦慮。

這些恐懼都不至於威脅生命，但也都不利於改變，**我們應試著避免增加非蔬食者的恐懼或擔憂**。例如，明列出成為純植物飲食者後將不能吃或買的每項東西，並不具任何建設性。

有個極好的辦法能解除非蔬食者的擔憂，源自於銷售手法中所謂的「3F 成交法」──**感受、覺得、發覺**（Feel, Felt, Found），它包含了三個步驟：

1. 同理你的傾聽者。確認他們的**感受**，並確實傾聽他們的擔憂。
2. 告訴你的對談者，他們不是唯一如此**覺得**的人，讓他們放心。此

處有一點很重要，就是跟你成為純植物飲食者之前的感受保持連結（或許你現在仍這麼覺得），而不是假裝從未有過這種感覺。你也可以引述其他人曾有的感受做為例子。

3. 讓他們知道你和其他人所**發覺**令人感到安慰的事情。

假設有一位非蔬食主人告訴你她喜歡舉辦晚餐派對，而她擔心若所能選擇的食材減少了，將會使她的廚藝受限。再強調一次，這對純植物飲食者來說，聽來可能無關緊要，但**由於這是她的擔憂，因此你應該認真看待**。你可以這麼說：

> 是的，所以你感到採用純植物烹飪可能會使你在廚房的創造力受限。我了解，我也曾有同樣的感覺。這就像：還剩下什麼可用，對嗎？你知道，理論上你的確是對的。而實際上，多數純植物飲食者發現，一旦拋棄了肉和奶，卻反而增加了食材和烹飪的多樣性。那是因為純植物飲食將讓你發掘未曾認識的各種產品和食材，而那些從未品嘗過的味道，就更不用說了。

從以上回應中，你藉由描述這些感受來告訴她，她不是唯一有這種感覺的人，並確認了這位非純植物飲食者的擔憂。你給了她可能的答案或解決之道，並非強迫或告訴她應該要有什麼樣的感覺，而是提供了自身的正面經驗。

超級維根在地飲食者（superlocavore, SV）會讓你產生罪惡感嗎？

　　從別人的角度思考，以及想像我們的溝通方式會給他人帶來的感覺，並不是件容易的事。如果我們不認為運用罪惡感會造成反效果，如果我們未曾經歷或已經忘了試圖說服將導致抗拒，如果我們無法想像被做好事的人激怒……那就很難將這些感覺列入考量。

　　有個練習可幫助我們對這些感受更具同理心，關鍵在想像某人的行為似乎比你還要更具道德一致性──超越維根主義的人。讓我為你們介紹貝兒（Belle），一名超級維根在地飲食者（只吃當地種植和生產的食物者）。貝兒認為機械化收割作物的方式，殺死了許多小型囓齒類動物和鳥類，更別提昆蟲了，因此貝兒只吃從自己的有機菜園（及那些同樣是超級在地飲食者的夥伴）收割而來，自己（親手）種植的東西。她也不從商店購買任何產品。

　　貝兒相信每個人都可以採取跟她一樣的飲食方式，那些家裡沒有菜園的人也可以找到另一個有這種菜園並住在當地的超級在地飲食者。她認為她的生活方式是「道德底線」，依照她的飲食方式攝食，是一種道德責任。那些僅吃純植物飲食的人（仍消費會讓小型囓齒類動物和鳥類承受可避免的痛苦的植物性產品）在貝兒及其友人的眼中，都是偽善者。

　　如果你遇到貝兒，而她說你是偽善者，你感覺如何？我很確定很多純植物飲食者會急著向貝兒表明純植物飲食者和超級在地飲食者之間的差異、乳牛和囓齒類動物的差異、有意食用動物以及食用

在收割時不經意地殺死動物的植物之間的區別……但我不確定它們是否真的有所不同。若有，也是小到足以讓我們暫緩心中的懷疑並持續這個練習。重點在於想像某個像貝兒的人，能讓我們的內心產生自卑或罪惡感。

另一個更有道德的例子，是那些將收入一定比例捐獻給良好公益項目的人，正如有效利他理念運動（Effective Altruism, EA）所提出的建議。EA 的創辦者之一威廉麥克斯基爾（William MacAskill），曾經許諾要捐出他所賺得，超出 28,000 美金後的每一分錢。想想你賺了多少錢。你能想像其他人如何要求你必須捐一部分出來？如果他們說不捐錢是不道德的，並說如果你將錢花在購買新手機或不需要的衣服上，而非那些因疾病而瀕臨死亡、無家可歸或飢餓的人身上，那麼你必須為那些人的死負責，那你將感受如何？

■ 以退為進

對於「巨大的維根差點」，也就是指非蔬食者的防衛心態所造成的困難，我的建議是不要火上加油，寧可付出更多努力讓那些什麼都吃的人能夠放輕鬆。不論蔬食者說了什麼，在他人耳裡，聽起來可能比我們原本預期或意圖使其產生罪惡感的程度更高，因此，我們須謹言慎行。我的意思並非指我們對他人的偏好和敏感度需畢恭畢敬或過分尊重，儘管舉止和禮貌固然重要。我的觀點是，**如果我們理解非蔬食者所處的狀態，並重視他們的個人狀況，將能使溝通更加成功**。了

解他們的背景可能有益於發展出更個人化的對話內容，從而用更有效的方式與之交談。

　　我很清楚不優柔寡斷和採取堅定態度的魅力有多大。大膽直言並力挺自己的信念當然很痛快，甚至，「直球對決」對某些非純植物飲食者可能會有用。然而，一如我在本書中一再強調的，我們的主要任務是**根據我們認為能吸引聽眾的方式，來調整和改變我們的推廣方法**。我們可能無法確切知道受眾的偏好，幸運的是，我們的聽眾群相當廣大，其中包含了許多不同類型的人。但我的論點依然不變。在這種情況下，最好採用我們認為對大多數人有效的方式。

　　總之，當倡導者還在摸索群眾偏好時，選擇溫和、甚至美化過的辭語，比起疾言厲色的大聲疾呼，前者可能是對維根運動史上的此刻而言，來得更安全，也更富有成效的選擇。

● 從為何到如何，從理論到食物

　　當我們想到動物權倡導，首先進入腦海的是如發送傳單、談話或辯論等行動，換言之，倡議對我們而言，主要是推廣「為何」要這麼做的理由（探討道德與否的論點）。跟人們聊「為何」，通常會演變為一場討論或辯論，我們試著同時使用理性和感性訴求來改變非蔬食者的想法，並讓他們看到、理解及感受到我們想傳達的事情，然而很多蔬食倡導者從自身的經驗得知，這種互動通常不如我們所希望的那樣有效。並非所有人在一開始就都有興致進行討論，也不是每個場合或地點都適合。舉例來說，當非蔬食者在烤肉場合大嚼著烤牛排時，就可能處於防衛狀態。

除了現場對話，另一個選擇是提供人們網址、傳單或書籍，讓他們能在家閱讀。當我們私下閱讀或觀看資料時，將更容易放下防衛心。我們不須擔心丟臉，也不須試著證明我們比其他人更聰明，我們將更可能讓這些訊息繞過抗拒，並有時間好好思考。

的確，討論和辯論可能不僅效益低落，還可能變得愈來愈不重要。愈來愈多的非純蔬食者透過網路和其他大眾媒體尋找資料，他們通常頗為願意偶爾食用或烹調純植物餐點，但卻常常不知道如何著手。當人們相信自己會做某件事時，去執行的機率也會更大。心理學家亦談及自我效能（self-efficacy），或某人對於自己完成特定挑戰的執行能力之信念（Bandura, Kreausukon et al., Reuter et al.）。

對非蔬食者展示該**如何**實行，也有助於讓新加入的蛋奶素和純植物飲食者持續待在這條路上。在我所有閱讀過的研究中，發現**許多人停止蛋奶素或純植物飲食，是因為他們不再認同當初讓他們採取蔬食生活的理由**。因而鼓勵人們如何維持健康、烹飪、查找商店和商品，是相當重要的。有鑑於三分之一的蛋奶蔬食者在短短三個月或更短的時間內就放棄了，這些實際的蔬食相關資訊應在剛開始就告知即將邁入蔬食的新手。基於對前蛋奶蔬食者的研究，動保影響力研究會（Faunalytics）建議我們應將焦點放在如何實行素食主義／維根主義，並「**以處理最常見難題的目標，來構思推廣及支持的做法。**」（Asher et al. 201）

當純植物倡導者更著重在**如何**實行維根主義，我們的焦點幾乎會自動轉向食物。我們在維根論戰的彈藥是關乎理論（**為何**），而食物則關乎實踐（**如何**）。無疑地，食物須在我們的推廣中占據最根本的地位。貝托爾特布萊希特（Berthold Brecht）曾寫道：「先談食物，再

談道德。」布萊希特意指，人們最先擔心的是他們的肚子和其他物質需求，而後才輪到道德。相同地，很多非純植物飲食者一旦想到他們即將失去美食，就不會去考慮到動物。

更聚焦在「如何」的一些想法

我在EVA的多年工作經驗告訴我，實用的「**如何做（How）**」相關資料（城市地圖、蔬食友善餐廳名單、食譜手冊，以及其他溝通工具），比「**為何要如此做（Why）**」的出版品還要受歡迎。以下是一些小撇步，以確保我們提供受眾足夠的「如何做」訊息：

★檢查關於「**如何做**」的資料和傳播訊息。你是否在食譜、營養或產品訊息上，投入足夠的空間和時間？

★如果上述答案是肯定的，它是否被安排在你的網站和傳單上明顯的位置？

★你的組織是否有提供烹飪課程，或是否有提供關於如何找到這些課程的相關資訊？

★短暫的蔬食承諾或挑戰（通常是二十一天或三十天）是很棒的策略，可每天發送如何進行的相關訊息給人們。

★在一對一的對話中，嘗試將焦點放在**如何操作**的實際方法。讓人們知道他們能夠採取的實際步驟，而非用各種論點來轟炸他們。邀請人們不僅閱讀探討動物性產品問題的書籍或資料，而且還可以與你一起購物或做菜。你也可以在社群媒體上將他們加為好友。

■ 從美食下手

我們能輕易想像與下列兩者溝通的差異：一個從未吃過美味純植物餐點的人（或更糟，只有「難吃素料」經驗，因而深陷於「素食偏見」）的人，和一個知道純植物餐點可以多麼美味的人，在第二種情況下，那位聽眾將更願意真心傾聽支持動物權的論點。如同一名產業分析師對於維根／蔬食公司的評論：「他們必須先將這項產品送進人們的嘴裡，接著才能談論它的所有好處。」（Purdy）

透過聚焦於食物，僅為了滿足味蕾而貶低動物權，並非我的用意，也並非僅僅將我們的目標侷限於消費主義的另一面，或胡亂搜尋的純植物點心和杯糕。我將焦點放在食物上的三個理由如下：

1. **食物是使動物遭受痛苦與被殺害的核心關鍵。**

   截至目前為止，遭受虐待和殺害的動物數量，其中最大一部分是為了生產食物。

2. **食物可能是我們推廣運動中的最大資產。**

   沒有任何事物（或許除了性之外）的銷售能勝於食物。它廣受人們喜愛，易於吸引人們，並且與正面的事物相關聯。因此聚焦在美食是至關重要的。這是為何維根基金（VegFund），一個提供蔬食維根行動和活動補助金的組織，致力於舉辦各種試吃活動；或者 ProVeg International 會在超過二十個國家協調全球純植物烘焙義賣大會（Worldwide Vegan Bakesale）的原因。

3. **食物讓人們團聚在一起。**

   它是聚集家人、朋友、教友或工作夥伴的社交黏著劑。很多非蔬食者擔心社交層面會受限制，並可能會在餐桌上提防蔬食者或關

於蔬食的辯論（特別像是先前提過，在聖誕節或感恩節晚餐時），更別提要成為其中的一份子。

食物在維根運動中扮演著關鍵角色，這意味著為大眾備餐、一同用餐、邀請他們出去吃飯、或幫助他們獲得美好的純植物用餐經驗，不僅是不可或缺的交流手段，也是一個絕佳機會，能提供除了爭論或其他口頭方式以外的溝通選擇。如果你自認說話不流利、情緒易激動或缺乏耐心，你可以開始為其他人下廚。就算你十分健談，也可將烹飪視為一種輔助的推廣方式。不論是自己親自下廚或直接購買餐點，和你的溝通對象邊吃邊談吧。

■ 純植物飲食：迎接新時代的飲食方式

現在從網路上可搜尋到相當多純植物飲食資訊和免費食譜，純植物飲食者不禁會問，那些還不知該從何著手的人究竟是遲鈍，還是麻木不仁。然而，我們該知道，**在多數西方工業化國家中，並沒有純植物飲食（也沒有蛋奶素）的烹飪傳統**，我們或許足夠富裕到每餐都有肉吃，或是被以加工食品而非全食物餵養長大，或早已忘卻在我們祖先的飲食中，肉類只用於點綴調味。

某種程度而言，西方社會對蔬食／維根文化的傳播基礎十分貧乏，當我與一群非蔬食者交談時，我常請他們提出一道他們的祖父母或父母會端上餐桌的蛋奶蔬食類主菜（純植物飲食就別提了）。除了一些有點彆腳的答案（像是一大碗蔬菜湯），多數人腦中都是一片空白。如果在墨西哥、印度、日本、中國或黎巴嫩問同樣的問題，我相信會得到許多不同的答案。我的結論是：在世界上較富裕的地區，若已經學過如何做菜，而想成為蔬食者的人，那勢必需要重新學習如何下廚。

從更具體的角度切入，我們可發展烹飪課程或幫助其他組織機構的課程開發，也可建議電視頻道開設純植物飲食的烹飪節目，或是敦促烹飪雜誌和其他出版刊物加入純植物食譜。對未曾烹飪過或沒時間做菜的人，則需要其他方法，顯然這對大多數烹飪愛好者來說，也同樣適用。

　　值得注意的是，如同我們的用詞和論點，我們在食物的選擇上也可能過於理想化，我們應提供他們想吃的純植物餐點，而不是我們希望他們吃的食物。你可能鍾情於健康食物，且認為應少量進食，但對食欲旺盛的人來說，提供輕食沙拉可能不是個好主意。重點是**要讓人喜歡這樣的食物，而且在進食後也感到滿足**，不要強迫新朋友接受你對食物或菜色的偏好；而是要找出並提供他／她所喜歡的食物。

把飯煮出去（Cook It Forward）

　　在 EVA，我們開展了一個名為「把飯煮出去（Cook It Forward）」的活動，模擬「讓愛傳出去（pay it forward）」的原則（及電影）。只要參加者承諾會在家中或任何地方做餐給另外三個（也會做同樣事情）的親友吃，我們就會提供免費的烹飪課程（及餐點）。我們設立了一個臉書（Facebook）應用程式，以確保能追蹤參與者的後續狀況。這個烹飪課程的附加優點是它的概念很吸引人，很容易引起人們的興趣，並獲得企業贊助和政府補助。

更具包容性的維根主義

在本書中我提到，幫助創造出一大批降低動物性產品消費的族群，可能是改變這個體系最快速的方法，這種減肉推廣並不會取代「純植物飲食救動物」的策略，而是作為補充。在接下來的內容中，我將檢視純植物飲食者、維根主義及各種蔬食維根推廣訊息。我將探討「如何採取純植物維根生活？」的問題，以及維根主義的定義。

我在本書這麼後面才談及這個主題，是因為它頗具爭議性。前面的章節已提供了一些論點和概念以架構這個主題，關於這種說法之所以引起爭議的一種解釋是，有許多維根主義者強烈地捍衛及認同「維根標籤」，這種自我認同具有正面以及負面效應。

首先，我檢視了維根認同（vegan identity）的利弊，而後提出了一種較為寬鬆的維根主義概念，作為推廣運動中更具包容性的方法，從而對動物產生更大的影響。

對許多維根主義者來說，作為純植物生活者是我們自我認同的重要部分。維根主義和純植物生活的點點滴滴時常盤旋在我們心中；我們結交採取純植物生活的朋友、造訪純植物商品專賣店、參與聚餐以認識其他純植物生活者、參與談論純植物生活的講座和會議、追蹤臉書上的維根團體、一起開展推廣活動……甚至還出現了一個新詞，以描述只想和維根主義者約會的維根主義者：「維根性戀者（vegansexuals）」（Potts）。

從某種意義上來說，建立自我認同是我們身而為人的一部分。認同某些人、地方、目標和想法，並宣告你是一個喜歡 A、會做 B 或反

對 C 事情的人，是完全自然且在某種程度上是必要的。對於團體的認同和歸屬感，有助於自尊、自我價值和幸福感的發展。

● 維根認同（vegan identity）的利與弊

以維根運動的情況，建立對維根主義的認同，具有特殊的優勢，**那些將維根主義已視為自我認同一部分的人，維持維根生活的時間可能會更長久**（Haverstock and Forgays）。

動保影響力研究會（Faunalytics）的研究顯示，比起現任的純植物維根主義者，前蛋奶素和純植物飲食者比較不常將他們的飲食視為自我認同的一部分 （Asher et al. 2014）。在《素食主義：運動抑或時刻？（*Vegetarianism: Movement or Moment?*）》中，唐娜莫勒（Donna Maurer）寫道：「個人對群體的認同感愈高，他或她就會愈感到受該群體期望的束縛。」（p. 119）換言之，如果想要持續歸屬於該群體，我們就會堅守群體的規則。毋庸置疑地，對於維根主義者的身分認同，可能也會讓我們成為信念更堅定的倡議者：「分享對自己身分的集體意識有助於激勵人們依照自己的信念來行動。」（Maurer, p. 119; Van Zomeren et al.）。從道德意識形態來獲得認同感，似乎比從其他方面，例如對健康的關注，還來得容易。有些研究（Hoffman et al.）也指出，道德蔬食者可能會更堅定信念，並比因健康因素而選擇蔬食的人消耗較少動物食品，其維持蔬食的時間也更長久。

然而，將維根主義作為一種身分認同，確實有其重大缺點。身分認同，只會因為有些人不具有這樣的認同而存在：也就是**倚賴於排他性的包容性**。

麻省理工學院的神經科學家艾米爾布魯諾（Emile Bruneau）發現，擁有強烈群體認同的人對於非該群體較缺乏同理心。提到運動代表隊時，他說：「支持者個人對團隊歸屬感的共鳴愈多，他們對敵隊成員展現的同理心可能就愈少」（Interlandi）。

現今，波士頓紅襪隊的球迷通常沒有興趣讓紐約洋基隊球迷為他們的宿敵喝采，然而在維根運動中，那些在我們群體外圍的人都是我們的潛在盟友，我們希望他們加入我們。但是如同莫勒所寫：「**如果蔬食者的集體認同變得太過強烈，蔬食倡議者將會有疏遠潛在成員的危機。**」（p. 121）

因此，兩種對立的力量或野心在維根或類似運動中運作。一方面是冀望展現包容的企圖心：我們想要盡可能地觸及愈多人，並說服他們跟我們一起住在維根村；另一方面，我們希望為自己建立認同，這為我們的群體在留住成員和倡議方面提供了優勢。

● 解決方案：區分出兩種受眾及相對應之訊息

對於蔬食推廣者來說，解決這個問題的一種方法可能是區分出兩種不同的受眾，並為他們客製個別的資訊。

1. 第一種聽眾：非蔬食者

蔬食推廣者應向大量的非蔬食群眾提供實用的資訊，而非要求他們擁護純植物生活者的身分認同。我們很難期待非蔬食者立即接受我們所有的信念和原則，將這些視為「選擇純植物飲食／生活」的基礎，只會拉高行動呼籲的門檻，對於邀請人們加入我們的行列來說，增添

了不必要的困難，並且代價高昂。對雙方來說，邀請人們品嚐純植物餐點或是試用純植物產品，遠比要求他們成為純植物生活者或堅持維根主義來得容易許多。

2. 第二種聽眾：蛋奶蔬食者或純植物飲食者

對已成為蛋奶素或純植物飲食者的人們來說，可以讓維根認同在其心中滋長。假使加深他們對維根運動的認同，或許能夠激勵他們採取行動。其中有兩項注意事項：身分認同可藉由對團體的歸屬而形塑，但不代表應設置極高的入場門檻，再者，蔬食者須謹記，不應詆毀或疏離群體以外的成員。

不幸的是，蔬食者疏遠非蔬食者的情況不僅很常見，我們也經常與自己群組內部的人產生裂痕——或者至少是被圈外人視為屬於我們群體的人。長期以來，我常對類似的個人或群體之間，因彼此之間相對細微的差異而動氣的情況感到訝異。純植物飲食者和蛋奶蔬食者間的差異，或是出於道德因素而成為維根主義者，與因健康因素而不吃動物性產品的人，兩者之間的差異不僅對旁觀者而言不足掛齒，對整體大局而言更是微乎其微。然而，這些群體之間緊張、對立的情勢仍會不時升高。

佛洛伊德提到：「對微小差異的自戀情節」（narcissism of small differences），他或許並非針對維根／蔬食主義者，但是到處都可以發現這種現象。以下是心理學課本中對此現象的解釋：

> 人們喜歡別人看到自己重視的身分認同。若被別人歸類到其他
> 身分，尤其是錯誤的身分，就會激起「歸類威脅」（categorization

threat）。我們也不喜歡另一個與我們非常相似的群體，因為那會削弱使我們與眾不同和特殊的核心本質。換句話說，當其他團體和我們十分相似時，我們敏感的神經就會被挑起。

……和我們極度相似的群體會威脅到自身群體的獨特性，即「區別性威脅」（distinctiveness threat）。有人甚至宣稱，擁有與眾不同的群體認同，甚至比避免負面觀感更為基本（Hewstone et al.）。

如果身為維根主義者的我們，認為捍衛我們的獨特認同是必要的，不難想像在意識水平較不足的情況下，當我們的團體有太多成員時，可能會令有些人感到不安。或許我們會擔心，萬一有「太多人」獲得維根標籤，這個標籤將會失去它的價值；也許我們再也不覺得自己夠特別，自我價值感也會降低。可以想像的是，我們不希望進入我們這個內群體的門檻，變得如此廉價，以至於任何人都可以加入。從一個局外觀察者的角度看來，我們甚至像是不希望讓幫助動物變得更容易，尤其是當新加入者或新的想法不必像我們之前那樣英勇地挑戰常規。

這一切的想法可能都不是故意的，但我們必須有足夠的自覺，以確保我們不會為了要維護身分認同及自我價值，而提高了入會門檻。我們應該希望每個人都加入維根俱樂部，應盡可能如海納百川般包容。

為何維根主義成為潮流是件好事？

　　有些維根生活者看到維根（他們比較喜歡說「植物性」、「Plant-based」）飲食變得愈來愈與健康、有趣、流行或甚至消費主義產生連結，卻以道德連結作為代價而感到憂心。他們擔心維根主義變成只關乎飲食、吃杯糕和交換食譜有關的事情，該論點認為，維根主義不只是關乎飲食，它是一種具有道德的生活方式。

　　我相信一種「較輕鬆的」維根主義是值得擁護的。我們需要達到一種境地，讓採取純植物生活變得非常容易，以至於每個人都做得到，包括那些不夠「死忠」的動物權運動份子，或是「健康狂熱者」。所以為何要抱怨某些人沒有在踏出每一步時，都呼吸著動物權的空氣呢？既然態度可跟隨在行為改變之後，那麼這些人很有可能在未來「理解」動物權論點。我們應該讓人們能夠循序漸進地去發掘道德的美好生活——一件我們每個人都在永恆追求的，不管是否以道德為出發點。

規則和結果

　　如果蔬食者想要變得具包容性，並歡迎每個人加入維根俱樂部，就應該去留意如何定義入會規則。我們不希望讓會員資格變得毫無意義，但也不希望它難如登天，那麼，理想上究竟該讓怎樣的人加入維根俱樂部呢？

　　試圖竄改維根主義的定義，將具有極大的爭議性。許多維根主義者會說，維根主義已有明確的定義，沒有理由再去修改這個概念。**維根主義者**（Vegan）和**維根主義**（Veganism）這兩個詞是由英國維根協會（Vegan Society）的共同創辦人唐納華生和桃樂絲華生（Donald and Dorothy Watson）所創造的。依賴過去的定義，並將它視為永恆的真理，並不一定是最佳作法。但即便你相信創辦者的定義是具有決定性的，因他或她創造了這個詞，你仍應該去了解華生夫婦的維根主義有多講究務實。

　　華生夫婦將維根主義定義為：「盡可能且實際地排除所有動物剝削的一種生活方式。」（a way of living which seeks to exclude, as far possible and practical, all exploitation of animals.）從表面來看，這個模糊且主觀的用語提供了一定的靈活度。然而，我時常看到維根主義者將「盡可能且實際地」這個定義不只用在自己身上，而是所有人身上，因而忽略了華生夫婦建立在這個定義和作法上的靈活性。

　　從本質上來說，許多維根主義者期待自己和他人都能完全杜絕動物性產品。成為純植物生活者變得像懷孕一樣：採取97%純植物生活，就像成為97%的孕婦一樣不可能。在這樣的邏輯下，如果你不完全避免非純植物性食品和產品，就不能自稱是維根主義者。對這類維根主義者來說，明確性和一致性優先於試圖接納維根主義有時可能須取決於背景環境，有時既不可能也不實際的各種狀況，而這些狀況都會遭到堅決的反對。**這種絕對主義是不恰當的，因為將維根主義定義為完全避免動物性產品，無論何時何地，將為非維根主義者設置了非必要的高門檻。**

現今，一致性「可以」是珍貴的。父母在養育孩子時，會盡其所能地維持行為的一致性，孩子才會知道什麼樣的行為是可被接受，或不可被接受的。哲學家試著去建構內在一致的理論，而非隨意或站不住腳的理論。對於一些人來說，一致性和遵守規則可提供紀律，幫助他們避免有時被稱為「決策疲勞」，或者更嚴重的自我毀滅行為。然而，將一致性當成我們行為和消費的必要條件是錯誤的，如同愛默生（Ralph Waldo Emerson）所說：「愚昧的一致性是心智裡的妖怪。」

避免食用動物性食品是達到最終目標的方式，能最大程度地減少動物所承受的折磨、殺戮和不公義。**當我們不再對規則進行批判性思考，而使其成為目標時，它們就會僵化為教條。**教條是危險的，因為它禁止批判性思考，並妨礙了對時代變遷、更佳的構想以及新資訊的順應。我確信你肯定認識某個你認為很教條化的人，這並非吸引人的特質，對招募新成員來說幾乎沒有助力。如果我們不希望變得教條化，就不該在任何情況下都盲目地遵循規則，而應該檢視行動的後果。

以下關於宗教的一個案例，可能有助於更清楚看出規則和目標之間的差異。純植物飲食者避免吃動物性產品，他們這麼做是因為（或某部分因為）他們相信這種抵制能幫助動物。另一方面，很多虔誠的穆斯林或猶太人避免食用豬肉，大多數人這樣做是因為宗教禁令。他們遵循定義自己的規則：穆斯林或猶太人不吃豬肉。現在看來，如這類的規則可能起源於理性考量。養豬須耗費大量資源，豬可能會與中東沙漠中的游牧民族爭奪食物，此一事實最終演變成禁止飼養和食用豬肉的宗教禁令。然而，現代的猶太人或穆斯林避免吃豬肉不是為了過去的目標：為人類保留足夠的食物，而是因為這是他們宗教信仰中的一條規則。

遵循規則或堅持原則本身並不一定有害…直到出現負面效應。當遵循規則卻得不到任何結果，就可能是在浪費精力；當遵循規則卻造成負面結果，可能會令人感到被束縛、分散注意且不具效益。

如果我們相信遵循規則或堅守我們的原則（理想主義者的立場）是最重要的，那麼我們將以維根主義者的身分，支持完整的一致性，且可能會禁止較沒那麼警覺的人使用維根這個詞彙。另一方面，**如果我們多關注成果（更務實的立場）**，**會發現一致性僅是相對重要的。**它的重要性會在行動呼籲、我們使用的論點以及我們幫助創建的環境之後，一致性落在我們維持務實的第四個範疇。

為何一致性被過度高估？

要擴增維根俱樂部的成員，我的建議是讓維根主義的概念更具彈性，如果這樣會導致那些並不完全一致的人自稱是蔬食者／純植物飲食者／維根主義者，那麼就隨他去吧。純植物飲食的界限可能會有點模糊，但是如果可以讓更多人朝我們的立場前進，我們當然可以容忍某種程度的曖昧不明，而我們也將能停止耗費大量時間和精力去監督這條界限。

思考一下：有一個人自稱為純植物飲食者，她不吃動物性產品，只在一年之內會有三次吃她祖母所做的派。這是不可接受的嗎？現在，我們當然能夠質疑，為何那位每隔一天就會吃雞蛋的男士，會想自稱為純植物飲食者，或是也有其他具爭議性的行為。談論到此，從宗教的例子也有助於理解這個概念。所有宗教都有對教義具不同遵循程度的擁護者，也各有不同的信念和作為，但**他們仍共同擁有某些核心的**

實踐方式以及信念。如同維根主義者，他們可能也會為了定義的問題而爭論。爭論本身將有助於理解與探討教條對某些族群的吸引力，或揭示出堅持遵循教條可能會令人忽略真正重要目標的隱憂。

■ 效益更高的做法：影響他人及捐獻金錢

我並非要貶低採取純植物生活的重要性，而是想建立一些相對的觀點，並對我們自己採取純植物生活，和注重溝通的重要性，這二者所造成的影響來進行比較。**實行有紀律且有意識的維根生活，你將讓諸多動物免於受苦；然而，藉由影響他人來改變他們的行為，其潛在影響力會強大許多倍。**

想想你的朋友潔姬。她對於維根主義並不像你實踐得那麼堅持，但她是相當好的溝通者。她寫部落格文章，做菜給別人吃，甚至開了一家銷售無動物性成分產品的公司。潔姬的「近乎維根」，肯定比起你的所有個人實踐相加的潛在影響力還要大。以下圖示（圖15）顯示了「我們吃什麼所造成的影響」相較於「我們對其他人吃什麼所造成的影響」之間的相對差異。

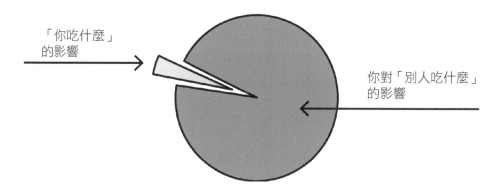

「你吃什麼」的影響

你對「別人吃什麼」的影響

圖15：你對動物受苦的影響

另一個能提升我們推廣效率的重要方面是金錢，我們的捐獻可以拯救生命，其影響力遠遠超過我們個人的消費。動保慈善團體評估協會（Animal Charity Evaluators）的網站（animalcharityevaluators.org）估計，捐款給他們最推薦的慈善機構「人道聯盟」（The Humane League），每 100 元美金將拯救 310 至 6,100 隻動物的生命。這個數字範圍很大，確切的數字尚有待商榷，但這個原則很重要：**每 100 美元以支付印刷傳單費用的捐獻，可能比你多年來不食用肉類和乳製品所能拯救的動物還要多**。順道一提，由於捐獻是如此重要，我們應嘗試在推廣運動中，營造更多捐贈文化和氛圍。做出給予的人應宣揚其捐贈行為，向其他人表明這是件稀鬆平常的事，且我們很多人都正在這樣做（我捐出收入的百分之十，給那些致力於終止動物虐待及全球貧窮的事業）。

現在我們得出一些觀點，以下我將說明：為何我認為遵循規則到錙銖必較的地步，和成為與理念完全一致的維根主義者，不見得具正面效益、對外界造成的實質影響有限、不足夠也不可能──以及為何容許一定的靈活度，實際上可以創造出奇蹟。我想強調的是，我的目標是幫助我的純植物推廣夥伴來比較我們自己的飲食消耗，與我們如何進行維根推廣溝通的重要性之間的差異。

● 維持完全的一致性不見得會導致好的結果

若我們推廣維根主義的方式，比起我們自身的消費習慣還要來得更有力量，我們應考量嚴格的觀點可能會對那些尚未成為純植物飲食者的人所造成的影響。

以我自身為例，我會嚴格地檢查我在商店購買的產品成分，然而

在公共場合時，我可能偶爾允許些微例外情況，或暫時擱置對某產品或菜餚的疑慮。**我不想帶給人這樣的印象：成為維根主義者將在社交上處處受限。**雖然我不曾刻意去消費或訂購這類產品，比如吃一個可能夾帶少量蛋，或含有少量美乃滋、乳清或酪蛋白的蔬食漢堡，但我也不會去質疑紅酒或附餐麵包的成分（反正我也知道服務生不太可能知道答案）。

　　另一個更具體的例子：假設有位非蔬食的友人（姑且稱她為伊凡）花時間費心為我準備了一份純植物性的千層麵，這是她首次嘗試烹調純植物性餐點，然而，我發現伊凡不小心使用到了含蛋的寬麵條。不管我多麼具技巧性且熟練地與伊凡溝通我的原則，最終，她很有可能會對維根主義抱持負面觀感。我的觀點與某些維根主義者不同，我不認為伊凡會因為實在太欽佩我的原則和立場，而進一步成為純植物飲食者（記得「好人貶損」原則嗎？）

　　因此，根據我的判斷，我不吃伊凡的義大利麵，對推廣所造成的傷害，比吃掉它還要大。在食用這個餐點時，我仍維持著維根主義本身的目標，也就是避免痛苦及殺戮。當然，人們可將這種讓步無限上綱到荒謬的程度，但那並非我的本意。就我而言，因身體對起司的排斥，讓我無法對我的原則做出更大的例外。

　　另一個例子是，我認識幾位在動物權團體的領導者，他們經常和政客們進行午餐會議，以便進行遊說。這些午餐在議會裡舉辦，在那裡並沒有純植物性餐點的選項，為避免在政客眼中顯得過度教條化，這些倡議者出於務實，暫時降低了他們的標準，而會食用一些含蛋奶的餐點。

對純植物飲食者而言，維持完全的一致性，不僅在私下可能遭到困難，在公共場合時也會不自在，而要求別人做到這樣的程度，會引起更多問題。就我所知，目前還未有研究探討雜食者如何看待堅持原則的純植物飲食者，也未有研究調查若雜食者不必承諾須完全且永遠吃純植物飲食，是否就會擁抱維根主義。如果你跟我一樣，聽很多非蔬食者說過，他們能像想自己不吃動物性產品的情況……除了那道他們愛得要死的菜以外。如果蔬食主義者允許他們有一些例外會怎麼樣？如此一來，蔬食或維根主義的概念會更平易近人嗎？如同我們譬喻裡說的：如果我們允許人們偶爾離開維根村，事情將會如何發展呢？

■ 全有全無？

維根推廣組織（Vegan Outreach）的總監傑克諾理斯（Jack Norris）說：「如果人們跟我說，他們可以吃純植物飲食，但就是無法戒掉起司，我會告訴他們，那就在起司以外的部分吃純植物飲食！」我們之中的許多人相信，如果效仿諾理斯的例子，就是在暗中寬容不道德的行為。**這可能是我們的真理，可能與我們的意識型態一致，但它是有效的嗎？**如同亨利史匹拉（Henry Spira）所說：「**如果你要的不是零就是一，通常最後將一無所獲。**」這裡要說明的重點是，我們的「起司純植物飲食者」（姑且稱她為愛蜜莉）會降低她的「動物痛苦足跡」達百分之九十五。此外，我相信愛蜜莉的飲食習慣在某個時間點會讓她得出以下結論：她不再需要起司，或感到吃起司不再是對的——尤其在她嘗試了這麼多令人驚艷的純植物起司，而讓她不再懷念「真正」的起司味道時。

維根主義者是否真的在意，一個月吃一次起司，但其他時間都吃純植物飲食的人，自稱為純植物飲食者？若挑剔他們自稱為「95% 純

植物飲食者」，是錯誤的嗎？

　　我的重點是，對正往維根主義方向前進的人來說，被接納至「我們的」群體，比起因他們尚未「完全維根」而將他們排除在外，更能鼓舞人心，後者可能會讓那些有意邁向純植物飲食的人們直接放棄。換言之，**維根主義者應寧可人們以對動物具正面效益，但非完全一致的方式行事，而非嚴格恪遵一致性原則，卻導致了負面的結果**。指出蛋奶蔬食者是偽善或不一致，可能會促使某些人採取下一步，但更多其他人卻會因此感到沮喪且疏離。喬納森薩弗蘭弗爾（Jonathan Safran Foer）說得很好：「**我們應該拋開對完美的期望，因為它會嚇跑那些本來願意付出努力的人。人們會因恐懼被視為偽善，而正當化自己的完全無所作為。**」（Levitt）

　　哈爾賀佐格（Hal Herzog）也提出類似的例子，他引述了一位昔日曾經是蔬食者的女士的故事。她看起來很瘦弱，因此去看醫生，醫生建議她吃某種肉。這位醫師顯然未充分了解情況，然而這位病患並未遵照醫師的建議而做出最小程度的讓步，她認為只吃某種動物卻不吃其他動物，是偽善的行為。她說：「我從原本不吃肉，轉變到吃所有的肉。」（p. 200）如同伏爾泰（Voltaire）所寫，在這個案例中，「好」的敵人不只是「完美」，而是這位女士的絕對主義傾向，將她推往了完全相反的方向。

■ 近乎維根主義者（almost-vegans）

　　我們常會遇到一些自稱蔬食者／維根主義者，卻吃某種動物性產品的人，我們的反應通常是戳破他的話，但我認為這樣做可能會適得其反。我確定有些人的確會感謝你指出他們的矛盾，但我敢打賭絕大多數人會感到被疏離且憤怒。

讓我們想想，若維根主義者不允許近乎維根主義者（almost-vegans）自稱為維根主義者，會有什麼影響呢？我們維根俱樂部的規模甚至會變得更小。那些出於所有務實目的，在 98% 時間內都維持純蔬食／維根生活的人，可視為維根主義者，他們也比蛋奶蔬食者更加近乎於一位維根主義者。讓他們對研究人員、政治家、產業界，或他們的親朋好友展現他們的維根主義者身分，似乎比避免一些維根主義者所害怕的定義上的「混淆」還要重要得多。

對維根主義的概念抱持較為寬鬆的態度，另一個好處在於這樣做可能有助於人們維持純植物生活（或近乎純植物生活）久一點。我們先前已談及有些人須嚴格規範自己以維持他們所採取的飲食習慣；而其他人卻放棄了，是因為他們發現維持那樣的生活方式實在太困難了。在動保影響力研究會（Faunalytics）的研究指出，**前蛋奶素和純植物飲食者中，有百分之四十三的人指出，他們覺得要維持「純粹」的蛋奶素或純植物飲食的難度太高了**（Asher et al. 2014）。我們對自己和他人的期望愈高，制定愈多維根生活的條件，要成為一名維根主義者就會愈發困難。

在某次提姆費里斯（Tim Ferriss）的播客（podcast）談話中，記者艾茲拉克萊恩（Ezra Klein）談及每當他無法做到完全蔬食，他就會崩潰失守，退回到什麼都吃的雜食者狀態。克萊恩說，「部分原因是我設立了所謂成功的目標架構，比如我要麼是蛋奶蔬食者，要麼不是。那麼『不是』幾乎就等同於失敗，無論我吃肉數量的多寡。」克萊恩向我們介紹了他所發展出較為成功的做法（和身分認同），他在此處探討的是蛋奶蔬食，但也適用於純植物飲食：

數年前在我轉變為蛋奶蔬食者的途中，遇到了相當多的限制：除了在旅行的期間之外，我平時都吃蛋奶蔬食。因為我知道在旅行期間若要堅持蛋奶蔬食的飲食原則，常常會遇到很多麻煩；因此，如果我在旅行之外的時間都吃蛋奶蔬食，而在旅行時可能會吃到肉，這麼一來，並不會違背我的身分認同。而現在，我幾乎轉換為純植物飲食者。我在家時吃純植物飲食，而當我旅行在外時，則吃蛋奶蔬食。

此外，在每年會有幾個特殊時刻，像是從我還很小的時候，就跟我最要好的朋友的媽媽一起吃壽司，對我來說，能持續這個傳統是很重要的。為避免因為每年在那裡吃兩次壽司而打破我其他的飲食習慣，現在，保持彈性這點已深烙在我的心中。因此，我的確發覺不要對自己那麼嚴苛，就個人而言是非常有幫助的。（Ferris）

在我們的推廣運動中，需要更多像克萊恩這樣的人，不只是因為他是名超級溝通者。純植物飲食者、蛋奶蔬食者和減肉者愈多，則動物性產品的需求和生產就會減少，被飼養並殺害來作為食物的動物就愈少。身為維根主義者，有些選擇會帶來正向的影響，有些沒有任何成效，而有些甚至是有害的。我想應能明顯看出，該在哪裡下工夫。

偽君子！

當我們發現他人有不一致之處時，有時會譴責他們是偽君子。純植物飲食者可能會稱蛋奶蔬食者為偽君子，因他們喝牛奶；蛋奶蔬食者則稱雜食者為偽君子，因他們愛狗卻吃豬肉；而雜食者會說蛋奶蔬食者和純植物飲食者都是偽君子，一旦他們注意到了任何不一致的行為。

我強烈建議將偽君子這個詞從我們的字彙中刪除。首先，這個詞在這些案例中並未被正確使用。偽君子是指那些言行不一致的人，那些說一套做一套的人。如果我對某人說，不可以打孩子，但我卻打了自己的孩子，那麼我就是一個偽君子。如果我不吃動物性產品卻穿皮鞋，我頂多只能被指稱為不夠一致。（若自己穿皮鞋卻告訴其他人不能穿，那也是虛偽。）

其次，這個詞具嚴厲、負面的道德批判。我們如果使用這個詞，將使自己不受歡迎。發洩情緒會讓我們感到大快人心，但通常卻毫無成效。

● 維持完全的一致性對現實世界造成的影響有限

嚴格有時並不能帶來實質的成果。維根主義背後的概念是抵制，而抵制的目的是改變需求，如果有夠多人參與，目標就能達成。當一個行動對需求沒有影響，我們仍然可以認為我們所抗議的行為在道德上是錯誤的，但應該意識到這些抵制在現實世界中無足輕重。例如吃掉一樣原本要被丟掉或浪費掉的食物。

我們的廚櫃裡擺了一盒有人不小心買到的含蛋義大利麵，它已經被放在那兒一段時間了，我的女友和我都小心翼翼地不去吃到它，但別人大可質疑為什麼，因為就算我們吃了它，也不會對需求帶來任何影響。（若你本身會因此而受影響，或覺得不舒服，當然還是可以選擇不吃）

● 維持完全的一致性是不足夠的

成為百分之百的維根主義者，並不會就此與剝削或殘酷脫離關係，不管是對人類或非人類動物而言。並非所有的純植物食品都是由在地且薪資合理的勞工生產的。有些是由外籍移工所採收，或從世界的另一端運送而來，而氣候變遷造成諸多人類和動物深受其苦；有些純植物性產品仍會直接導致動物受苦──來自收割、單一栽種、化學物質、除草劑和其他傷害。顯然這些知識應會鼓勵維根主義者更加注意我們的食物選擇，而不是兩手一攤，回到不經思考的雜食主義老路。然而保持謙遜是不會錯的。維根主義就像這世上的每件事物一樣，它並不完美。

● 維持完全的一致性是不可能的

要能對任何事都表現出一致的想法是一種妄想。在我們的經驗中，

為了人類自身的目的而利用動物的情況是如此普遍，以至於目前無法全然避免使用動物。思考一下圖 16 所呈現的動物成分光譜。

這些是隨意選出的幾項非純植物性產品或成分，依照多數純植物飲食者認同的嚴重程度來排序。在光譜的左端，我們還可以增加數百種由動物產品所製成的其他成分，這些成分會出現在食物、化妝品和其他各種居家用品中。

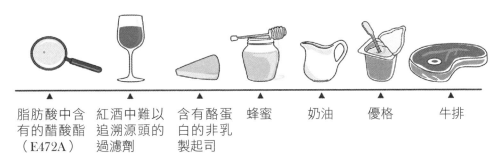

脂肪酸中含　　紅酒中難以　　含有酪蛋　　蜂蜜　　　奶油　　　優格　　　牛排
有的醋酸酯　　追溯源頭的　　白的非乳
（E472A）　　過濾劑　　　製起司

圖 16: 動物性產品光譜

原則與後果：更多思考實驗

我曾偶然看到一個網站（現在已消失）鼓勵雜食者把他們的食肉量加倍以補足蔬食者沒吃的量（我沒在開玩笑）。雖然這個想法離譜至極，但讓我們思考一下這個觀點：如果你吃純植物性的食物，某人就會吃下兩倍量的動物性食品。你的食用行為本身不會產生任何實質的淨效益，因為還是會有一樣多的動物要承受痛苦且被殺害。假設你知道這種情況正在發生，那麼你仍會維持吃純植物飲食嗎？

　　你可能會維持純植物飲食,因為你像我一樣覺得這是一件正確的事,也或者因為你本來就討厭肉。然而,讓我們延伸這個假設,想像每一次只要有人變成蔬食者,雜食者就會吃掉三倍的動物,至此,維根主義的影響已經不再是中立的,而是負面的。在這種情況下,甚至連我都可能很想再回去吃肉,因為我的維根主義會為這世界帶來更多的痛苦。

　　以下是另一個相關思考實驗,要求你去評估原則或後果:你願意為了得到十萬美元的代價,而吃一塊牛排嗎?你可以把這筆錢捐給動物權利或支持純蔬食的組織,讓他們用這些錢來拯救許多動物。假設沒有人會知道你吃了那塊牛排,或者那塊牛排就快被扔掉,吃掉它對需求並不會產生任何影響。那麼你會吃嗎?

　　最後,是一個更現實的狀況。為了拍攝在工廠化農場或屠宰場裡的影片,動物權運動人士需要進行臥底,而且可能需要打破一些自己的規則,以避免被識破。他們可能得吃肉,或無助地站在旁邊看著別人虐待或殺害動物。有人真的會認為這些人是差勁的維根主義者嗎?他們做出了如上的妥協,是因為他們期望自己鏡頭下的影片能發揮幫助動物的影響力。

　　這些議題,如你所想的,都是關乎於結果和手段的問題。引用索爾阿林斯基(Saul Alinsky)的話:「『結果能將手段正當化嗎?』就目前而言,這個長期存在的問題可說是毫無意義;關於手段和結果的道德倫理,其真正且唯一的問題永遠都是『這個特殊的結果能將這個特殊的手段正當化嗎?』」(p. 24)

打造全蔬食世界

現在每個人（無論自我定義是蔬食者或雜食者）都可以在這個光譜上找到自己的位置。你可能會避免吃牛排、優格和奶油，但比較不拘泥於蜂蜜、酪蛋白和食品添加劑。你可能會吃牛排，但不去碰青蛙、狗、海豚、鯨魚、麻雀或大象。有個貼切的問題是：**跨越了哪個點，才算是一位純植物飲食者；而從哪個點來看，又不算純植物飲食者了呢**？如果考慮所吃的量及頻率，這個問題又會變得更加複雜。如果凱文一年食用一次微量的酪蛋白，他是否就會失去維根身分的標籤？又如果凱文時常吃含有酪蛋白的非乳製起司呢？

我們都在某處劃上了自己的底線，對每個維根主義者來說，你都會找到另一個更加「死忠」的人，像是我們的超級在地飲食者（superlocavore）貝兒。拉爾斯湯姆森（Lars Thomson）和魯本普洛克特（Reuben Proctor）合著的一本書：《零瑕疵維根：識別和避免日常產品中動物性成分綜合指南（*Veganissimo A to Z: A Comprehensive Guide to Identifying and Avoiding Ingredients of Animal Origin in Everyday Products*）》，超過三百頁的內容詳列所有動物性來源的成分，首先是醋酸（acetic acid），也就是我們光譜上所舉例的第一個元素。它被添加於食物中，可能來自礦物或動物來源。身為一名維根主義者，是否意味著必須完全了解並檢查每項產品中的任何一項，或全部的成分？對於可能未列出來的成分，或許來源為動物、礦物、植物或微生物的產品，我們又該如何是好？

克莉斯汀曼德瑪（Christien Meindertsma）在她的 TED 演講「豬如何轉動世界（How Pig Parts Make the World Turn）」中，說明了使用含豬隻成分的產品範圍之廣泛，令人難以置信。它們不僅出現在食品和化妝品中（曼德瑪說，甚至在你吃早餐之前，就已經接觸到豬非常多次了），還可能存在於建築物、火車剎車器、瓷器、砂紙、菸等物質內。

維根主義再開展至像是騎馬或照顧同伴動物，和購買給他們吃的食物；是否吃你所救助後養在後院的母雞所生的蛋；或是否要繼續穿你那雙有十年歷史的老皮鞋等問題時，事情會變得更複雜。而我甚至還沒談到維根主義是否須採用某些政治意識形態，對於墮胎的看法，或各種苦行禁欲生活的實踐，許多維根主義者會意識到自己在這些難題中的妥協。然而，我們應該自問的是，**我們是否要讓這些妥協在定義上顯得困難重重，而使維根主義的實踐更加舉步維艱？**

我並非要引起「抓到你了吧！」或假想敵的爭論。我的確意識到。即便是最維根的維根主義者，也不會建議我們花一輩子的時間研究並避免動物性成分。我要說明的是，**在維根主義的概念中，原本就存在某些曖昧不明，沒有明顯的黑白分界。**

反駁論點

公平地說，我同樣能夠理解確信維根主義的概念是不允許使用一丁點動物性原料的維根主義者，對這樣的作法可能會感到不道德或反感。這方面我們在本書已談了很多，但還是值得簡短地再覆述一次，因此現象是如此普遍，應立即提出探討。

反駁論點 1
如果我們不一致，人們會感到困惑

某些維根主義者的擔憂之一是：如失去明確性或一致性，維根主義者會令大眾困惑，使他們以為維根主義是一種隨意的生活型態而非迫切的道德義務。

我認為這種論點是見樹不見林。在大多數國家，維根主義者只占總人口的百分之一，對維根主義者來說，當絕大多數人甚至尚未跨出邁向維根主義的第一步時，去擔心道德責任只是一種奢侈。**人們是否完全清楚了解維根主義的細節並不重要，重要的是，他們應該採取行動。**如同麥特波爾（Matt Ball）所說：「說真的，我從未遇過任何人因對某個維根主義者欠缺『一致性』感到困惑，而持續吃動物。我見到的是（且遺憾的它就是原因所在）維根主義者的自以為是和固執己見，給予他人一個忽視動物困境的藉口」（Ball, p. 96）。

有些維根主義者擔心，缺乏對維根主義的明確性，代表服務生和廚師可能會提供我們動物性產品（或甚至欺騙我們關於餐點的內容物），而家人會開始認為我們對維根主義很隨意。

我會反駁這些想法，首先，如果「較為寬鬆的維根主義概念能帶來更好的結果」這個說法是正確的，那麼處理這種情況所需付出的代價就相對很小。我們仍然可以跟家人溝通我們要做什麼，或不想要什麼，以及是否有「不對」的東西溜進了我們的餐點內。我希望我們都足夠成熟，去記得**維根主義並非關乎我們自身的純淨，而是關乎要為動物創造真正的改變。**其次，我要再次重申維根這個詞運用在餐點或產品時，會比用在人身上來得有幫助且更具成效。要讓一盤食物或產品完全純植物十分容易，而成為一名100%的純植物維根生活者，卻困難得多。

反駁論點 2
若缺乏一致性，我們將冒著弱化維根主義概念的風險

一些維根主義者擔心，減少肉食和近乎維根的推廣訊息只會帶來

一個減肉和近乎維根的世界，還是有動物會被剝削和利用。

但滑坡謬誤*的噩夢和弱化維根主義的想法不僅與現實脫節，維根主義者也不應在此時為之感到擔憂。我們真的認為達到 97% 的維根世界，**不會比我們現在的生活有更驚人的改善嗎**？顯然地，我們不希望任何動物因我們的需求遭受痛苦和死亡，但是，到了那個時候，非純植物餐點成為了非常態供應的例外選擇時，不僅人們對動物議題的意識覺醒會大大提升（因我們不再依賴於利用和食用他們），屆時也將會產生足以消滅最後這幾個百分比的巨大社會壓力。

不僅是微量成分，魚肉、乳製品和雞蛋等，都會轉變為不經濟、低效益、以合成或人造的形式存在。**我們不應擔心那最後的百分比，他們會自己看著辦，我們應促使人們先跨出第一步，實質的行動**。同時，關注食材的純植物飲食者也能得到支持：有越來越多的蔬食／維根組織正設法向企業推廣自己的蔬食／維根認證計劃，從而有助於確保號稱純植物性的產品不會含有任何動物性成分。

反駁論點 3
我們須為人們設立榜樣

完全的一致性是否樹立了人們想要效仿遵循的榜樣，抑或維根主義者對它的執著，反而在維根主義者和非維根主義者間（或蔬食者和

譯註：滑坡謬誤（Slippery slope）是一種非形式謬誤，使用連串的因果推論，卻誇大了每個環節的因果強度，而得到不合理的結論，因為事實不一定照著線性推論發生，而有其他的可能性。一般所說的「無限上綱」有時也牽涉到此種謬誤。例：孩子如果不上好國中，之後就考不上好高中，再來就考不進好大學，接著會找不到好工作，然後會窮困潦倒，一生就毀了！（維基百科）

非蔬食者之間）造成了佷大的隔閡？若不僅不需採取純植物維根生活也能幫助動物，而且在某些情況下，非蔬食者可能實際上比蔬食者在激勵他人方面更具優勢呢？

■ 非蔬食者成功推廣案例 1：比利時民眾於大齋節期間無肉

我的家鄉比利時以少量的預算舉辦了一個成功的活動，名為「無肉日」（Days without Meat），其概念是在復活節前四十天*避免吃肉。這個活動無關宗教，而是透過創造與傳統大齋節期的連結，鼓勵人們在這段期間嘗試不同事物，作為試驗或挑戰。2017 年，有 115,000 人參與此活動，這對於只有 600 萬人口的地方而言，是不小的壯舉。發起人是阿莉西雅雷森（Alexia Leysen），一位「甚至不是」蛋奶素食主義者的年輕女性，由於對環境的關注，她減少了肉類的攝取量。現在，有些維根主義者可能因為她並非純植物飲食者而指責她，但該活動的優勢恰好在於：**雜食者在對其他雜食者發出呼籲。每個人的狀況都是「一樣的」，沒有一個高高在上的蔬食／維根主義者告訴他們該做什麼，或應該成為什麼樣子。**

■ 非蔬食者成功推廣案例 2：美國民眾響應減肉活動

在美國，布萊恩凱特曼（Brian Kateman）也發起了減肉的活動，力勸人們成為減肉者以及減少吃肉（reducetarian.com）。在這個例子中，可能因凱特曼本身是位減肉者，所以效果也會比較好。他不僅處於一個更「平等」的位置，且能避免聽眾假設他有一種「我比你更高尚」的態度。而他的飲食習慣使他與聽眾相似，這似乎是有助於決定

譯註：即大齋節期，英文為 Lent，透過齋戒、施捨、克己及刻苦等方式，安靜祈禱以預備迎接復活節到來的期間。

某人對聽眾影響力的因素。（Berscheid, Eagly）（請參閱第192頁，「傾聽的藝術」）

■ 非蔬食者成功推廣案例 3：英國名演員反對取用動物毛皮

最後一個例子是，英國喜劇演員瑞奇賈維斯（Ricky Gervais）。賈維斯長年為貓狗，以及因其毛皮而被獵捕或殺害的動物發聲，因為他所倡議的是比維根主義更受人歡迎的動物議題，因此賈維斯的廣大追隨者，可能更願意聽他說話。想像在幾年之後，他或另一個像這樣的名人成了純蔬食者且開始提出關於經濟動物的議題，名人粉絲對於維根或蔬食訊息若有任何正面接受的反應，部分原因可能是出於該名人先前的非維根立場／非蔬食者身分。如果這些名人像我們蔬食者／維根主義者所希望的那樣嚴格，當他們談及吃動物的話題時，願意聽他們說話的人可能會減少很多。

公關災難

幾年前，維根協會（Vegan Society）選出了一名新的形象大使，一些維根主義者對「（不具）一致性在雜食者眼中的認知」的誤解於是浮上檯面。顯然地，她並不像某些維根主義者所希望的那麼「維根」。一則 Facebook 貼文提出了施加於她的批評的辯護，論點是維根運動有敵對者，並正遭到敵對者的嚴密審查。該則貼文推斷，如果這些敵對者發現維根協會的大使並非真正的維根主義者，那將可能會演變成一場「公關災難」。就我來看，唯一會使這件事成為公關災難的，是那些想要攻擊維根協會選擇了這位形象大使的維根主義者。這正是見樹不見林！

打造全蔬食世界

結論：如何成為最具影響力的蔬食者／維根主義者？

維根運動需要的是包容，而非排他。我們在思考時，應減少使用「我們」和「他們」這樣的分別用語，而應多從「我們」的角度去做考量。我們和許多非維根主義者有著共同的願望和目標，如果選擇聚焦於此而非我們之間的差異性，並以更加大方及歡迎的態度來交流我們想傳達的理念，我們的群體將能壯大得更加迅速。

華生夫婦及其維根協會（Vegan Society）夥伴所不為人所知的地方是，他們**歡迎所有認同組織目標的人，無論他們是否實踐了維根主義：**「（維根協會的）準會員對自己的行為不需做任何承諾，但須聲明自己認同組織的目標。這扇門因而被大大敞開，協會歡迎所有願意支持它的人。」（國際蔬食聯盟IVU）這裡有趣的是，實際執行維根主義（即不消費動物產品）與接受這種想法的區別。

如果我們不僅將團隊成員定義為傳統的維根主義者，而是**每一個認同這個方向的人**——即使這個人無論出於何種原因，尚未完全將他們的想法和信念付諸實踐，我們的運動將可以被推進得更快也更遠。這也是普羅維植國際植物性飲食協會命名的原因：成為一位「維根支持者」，強調的是方向，而非狀態；這意味著它向所有盟友開放。成為維根主義者／蔬食主義者是為了幫助動物，確保減少他們在世界上的痛苦和殺戮，但並不是全有或全無。

如果我們想尋求一個「**真正維根**」的概念，我建議不應建立在完全避免動物性產品上面，而是也需奠基於我們對他人的影響之上。

如果我們尋求維根主義的定義，我建議將華生夫婦的定義作為基

礎，並修訂為盡可能實際、可能且有效率地避免動物性產品。

　　如果我們想維持一致性，我建議我們維持一致性的初心並非基於規則、意識型態和定義，而是圍繞在憐憫之心及減低痛苦、殺戮和不公義等目標之上，而這些正是維根主義最基礎的價值觀。

　　如果我們要區分盟友或敵人，我建議將那些跟我們方向一致的人，以及那些即使尚未完全言行一致，但大致上認同我們目標的人視為盟友。甚至是那些不同意我們目標，但具有其他動機，有機會推動對我們目標有幫助的解決方案的人，我們也應該尋求他們的協助。

　　畢竟，我們無法獨自完成這件事。

06
續航力
如何持續往前？

「進步主義倡議者是世上最寶貴的資源。」

——希拉蕊雷蒂格（Hillary Rettig）

　　當一個人最後決定永久或半永久地住在維根村，我們對他們的責任還沒完成。在任何時候，由於不同的原因，這些旅行者可能決定回到山上某個較低的地方居住，或甚至返回到他們原來的地方。事實上，對於我們這些招募人們來到維根村的居民來說，有時可能會為此感到心力交瘁，甚至燃燒殆盡。

　　終會有那麼一天，我們能夠免於煩憂。當幾乎每個人都住在維根村時，很可能沒人會想要離開此處，自己住在杳無人煙的地方，在那之前，我們面臨的是相當艱鉅的任務。

　　這章講述的是關於蔬食者或維根倡議者的續航力。純植物飲食者可能變回雜食者，推廣者可能會精疲力盡，也回到雜食者狀態。以下是關於如何避免這些情況發生的建議。

幫助蔬食者維持蔬食飲食

如我們所見，為數眾多的奶蛋蔬食者和純植物飲食者——不少於百分之八十四——在某個時間點停止了蔬食飲食方式（Asher et al. 2014）。在第 3 章，我提過這個統計數據其實不像聽起來那麼可怕，不過，若能有更多的純植物飲食者，以及讓純植物飲食者能夠維持下去，顯然是比較好的。正如人們在銷售領域所說的：**維持現有客戶，比起去找到新客戶，要來得容易許多。**

為了解決這個問題，純植物飲食者需要認真看待人性，去怪罪認為維持植物性飲食很困難的人為自私或意志薄弱，對解決問題於事無補；喋喋不休地重複述說植物性飲食有多簡單，也無法幫助動物。反之，我們該做的是真心去傾聽非蔬食者的心聲，並對他們的考量、問題及觀察敞開心胸。不僅讓他們感到被傾聽，而我們也才能為他們提供幫助。人們無法持續純植物飲食的主要原因，是口味、健康以及不便利（Asher et al. 2014）。讓我根據前面的章節提供一些與蔬食者打交道的建議。

- **我們不應該堅持「素到極限」或「零瑕疵維根」，且應該避免用「加入 vs. 退出」或「我們 vs. 他們」等字眼來思考。**

從動保影響力研究會（Faunalytics）研究得知，有三分之一的前奶蛋蔬食者再次開始吃動物性產品，是與非蔬食的重要伴侶生活在一起時。（Asher et al. 2014）。如前所述，有百分之八十四的前奶蛋蔬食／純植物飲食者表示他們並未積極參與蔬食／維根團體或組織（聚餐、線上社群等）。顯然對蛋奶蔬食者和純植物飲食者來說，**他人的支持**

對維持飲食是非常重要的，因此純植物飲食者有必要舉辦餐會並一同參與推廣活動，只要在這些團體中存在著支持的氛圍，人們的決心就會增強。

人們因為食用了一些動物性製品，就不再被允許隸屬於這個團體的做法可能會激起心理學家所稱的「黑羊效應（black sheep effect）」：團體內成員所受到的批判比團體外成員來得嚴厲且苛刻（Marques et al. 1988）。比如當有位蔬食者打破了規則，那麼其他人可能會想要更嚴厲地「懲罰」他，不管是因為對該蔬食者的期望較高，抑或是他或她的「墮落」被視為某種背叛，因為我們認為他或她是「我們其中一員」。（記得 Daiya 起司事件嗎？）無論理由是什麼，這是糟糕的作法。當人們擁抱雜食主義時，純植物飲食者最好採取歡迎和鼓勵的態度，而非指責他們……除非我們想確保以後不會再見到他們。

● 我們應該注意健康陷阱

無論喜不喜歡，在飲食中我們應有合理的健康考量。舉個例子，如果人們沒有攝取足夠的維生素 B_{12}，就會出現維生素 B_{12} 不足的問題。動保影響力研究會（Faunalytics）針對前蛋奶蔬食者的研究顯示，百分之七十六的人從未檢查過他們的 B_{12} 數值（Asher et al. 2014）。純植物飲食者應該要確保讓新蛋奶蔬食者或新純植物飲食者獲得他們所需的所有營養資訊，而我們應該提供的是經蔬食註冊營養師認證，值得信賴且經科學實證的文宣。

● 道德很重要

在本書中，我建議不需總是強調不吃動物性產品的道德論點。道德論點可能會遭遇抵抗，而我也已經說明過，我們可以藉由先改變行為的方法來驅動諸多改變，然而，我們也不應矯枉過正地把道德論點完全拋棄。相反的，我們應該認清道德論點在諸多選項中的位置，而非將維根主義呈現為一種道德律令。如同前述，我相信**對那些已經在前往維根村路上的人們來說，道德和意識形態的推廣途徑是最有效的**。研究指出，道德動機為人們提供了維持奶蛋蔬食或純植物飲食，最強而有力的理由。更普遍來說，出於多種動機（健康、動物和環境）似乎比只有一種動機更能鼓勵人們維持下去（Asher et al. 2014, Hoffman et al.）。

● 讓蔬食／維根主義變得更容易

本書大部分都在談如何讓採取純植物飲食變得更為容易。更多的減肉族群意味著市場上將出現更多、更好的蔬食或純植物產品，以及對奶蛋蔬食和純植物飲食者接受度的擴展。這是創造便利環境的一種方法，讓減肉者和奶蛋蔬食者得以沿著光譜，向純植物飲食者的方位移動，並得以讓維根家族的行列得以繁盛壯大。這也就是為何每個關心蔬食發展及維根主義的人，都需要努力在各地提供更多、更好的替代選擇的原因。

我們需要創造體制上的變革，以及改變法令和政策。我們得讓食用動物產品變得更加困難且昂貴、讓做好事變得容易、並讓容易做到的事成為預設值。

讓行動者保持活躍

在領導 EVA 十五年之後，我遇到了一個嚴重心力交瘁的個案。一個組織領導夥伴告訴我：「我再也承受不起這樣的精疲力盡。」她感覺動物們和組織需要她沒日沒夜地工作。

動物在人類手上所遭受的痛苦無可計量。每一秒，都有成千上萬的生物被以不可思議、系統性的方式，並利用各種人造精密器具和技術知識，殘酷地虐待著。要承受這樣的事實並著手去阻止它，帶來了最沉重的負擔，尤其當週遭的每個人幾乎不只對這些痛苦漠不關心，甚至還樂於共謀此事之時。這就是為何保護自己並維持續航力是如此重要，不僅僅是為了我們自己，也為了動物們。

相信我：身為倡議者，你很容易認為自己比其他人更為堅強；或者告訴自己相較於以較低的強度工作幾十年，最好是在五年內集中最大火力於幫助動物。但這兩個想法都不正確。我的判斷是，你只會在真正燃燒殆盡的時候，才會去思考到這件事，這也正是我要提醒行動者注意的重點，應長期並持續關注這個問題。以下是我的建議，幫助你在推廣的路上能夠持續前進。

● 這是一場馬拉松，不是短跑衝刺

在開頭的章節，我說過我們所參與的可能是有史以來最艱苦的鬥爭。這聽起來似乎令人沮喪，但實際上卻振奮人心，因我們正在持續取得進步。無論是個人或群體，邁向維根主義都不是簡單的要求，且毋庸置疑需要時間。當我們覺得改變不夠快時，不應感到失望或絕望。與其感傷地認為我們承受不起「耐心做、慢慢來」，事實上，我認為

我們承受不起的反而是「不耐心做、不慢慢來」。失去耐心會讓我們燃燒殆盡，當我們把自己耗盡，動物們也就同時失去了一位戰友。我們參與的是一場社會運動，需進行長期抗戰。

● 將策略謹記於心

我在本書中所描述的策略，不只能讓你的蔬食／維根推廣更有效率，且能更具持續性。了解到每位減肉者都有助讓採取純植物飲食變得更加容易，人們也不需要立即認同動物權觀點（因為態度的改變可能會跟隨行為的改變），這可能有助於你減少不耐和絕望。

● 你並非孤軍奮戰

想像人們就像需要被注入善意的水桶。每當非蔬食者與人交談、瀏覽宣傳單，或在媒體上看到了什麼，更多水滴會被添加進這個水桶，水桶也會慢慢被裝滿。從外觀看，我們並不知道水桶已經有多滿了，或是否會傾倒或溢出來。我們可能以為自己對某人的狀況有大致的了解，但就我的經驗，通常是你沒放多少期待的那個人，會突然間完全改變，這是因數百滴水滴隨著時間流逝而落入桶中，直到最終滿溢出來的結果。持續添加水滴的確很重要，但更重要的是要意識到：我們之中沒有一個人需要獨自為填滿他人的水桶而負責。

● 相信人類

有一項針對維根主義者的批評是關於他們對人類的厭惡，不幸的是，根據我的經驗，這件事比我所預期的還要嚴重。有些維根主義者說人類是「地球的毒瘤」，並認為若沒有人類，地球和人類以外的萬物都能過得更好——這種論點無濟於事，尤其是他們忘了大自然對很

多動物來說通常並不友善，無論是否有人類的干預。

儘管我知道對於人類施加在其他物種身上的大規模暴行抱持正面觀點是相當困難的，但我仍然相信，對我們的同胞抱持正面態度，能助益於每個人，我也相信多數人會做出更加人道的選擇，若這樣的選擇變得夠容易的話。我們可以因為仁慈必須要夠便利才能讓多數人接納而感到遺憾，但我們仍不應憤世嫉俗。

某種程度上，本書探討關於動物權倡議者該將注意力放在何處。只須花數秒鐘，多數的維根主義者（包括我自己）就能編列一長串人類所犯下的暴行清單。然而，若我們花一些時間來列出人類驚人的成就、我們為問題找到的解決方案、或令人欽佩的人們試圖提出長久以來被規避的問題，那將會對我們的遠景造成什麼樣的影響呢？在人類歷史中，從未有這麼多人試圖讓這個星球變得更好，不論是對人類或非人類。我們應從這個角度去建立期待。

我相信——如同史蒂芬平克（Stephen Pinker）在《人性中的良善天使：暴力如何從我們的世界中逐漸消失（*The Better Angels of Our Nature: Why Violence Has Declined*）》中所言——**我們的社會正在緩慢但堅定地朝著更有同理心和理性的方向邁進，無論是個人或群體，都變得更加有道德**。無論你是否認同我的信念，我們都能選擇我們關注的重點。也許，如同哲學家卡爾波普（Karl Popper）說的，樂觀是一種道德義務，因為我們能藉由正向的心態而實現更多目標。雖然有些人可能會認為聚焦在可怕的事情上可以激發急迫感，但我認為那會使我們感到絕望。相信良善能讓我們持續往前，且走得更久。

這就是為何本書的主題譬喻——前往維根村之路——對我來說是可行的：這是一趟所有人都已經踏上的旅程（偶爾會倒退幾步，但最

終還是往前邁進的）。每個人都處於不同的階段，有些人領先在前，有些人起步較晚，但最終，我們所有人都將到達那裡。

● 不要（太）憤怒

憤怒是一種強而有力、且甚至會令人上癮的情緒，我們可能會對虐待動物者、藉由折磨動物而賺錢的人、不負責任的政治人物、冷漠的大眾或回頭吃動物的純植物飲食者感到憤怒。我了解：恐怖無所不在，而憤怒能舒緩並提供能量。

然而，儘管道德上的憤怒在許多歷史的轉捩點都發揮了重要的作用，但目前純植物飲食者的數量還太少，無法讓我們的集體憤慨產生實質性的影響。這個事實在某天可能會改變，但現在我們應該對自己的憤怒保持謹慎。憤怒不應該被視為是某個人對推動理念的承諾、精力和熱情的主要來源、抑或是推動我們前進的燃料。此外，不斷的憤慨不但將使與他人的溝通無法持續，也無效果。當我們生氣時，我們傾向變得有批判性、不理性、誇大事實、指責他人、產生對立，並認為每件事非黑即白。你會想要待在這種人身邊嗎？

如果試著站在別人的立場思考，我相信我們的憤怒將會消散。這需要練習，但如果你願意堅持，它就會成為習慣。一段時間後，憤怒出現的頻率將減少，並會因為鮮少出現而變得更加有效。你也會發現你將能更容易地和人們建立連結並幫助他們。

同時間，你可以關起門來打枕頭、上健身房、在不公開的臉書社團或向與你站在同一陣線的好友咆哮或傾訴。

我們應該發出譴責嗎？

　　純植物飲食者該如何對待那些自願參與虐待動物，或嘲笑及貶低任何試圖減少動物產品消費行為的人？我們知道自己很容易會去責備那些還沒醒悟的人。

　　我並不是一個道德相對論者：有些行為在客觀上是錯誤的。然而重要的是，我們的批判必須考慮到人們所處的時代以及從眾的壓力。（還記得所羅門阿希的從眾實驗嗎？）我們社會上有許多方面——教育、法律、商業等各式各樣的體制——支持和鼓勵著對蔬食／維根主義懷有敵意的思想和行為。因此，我們應透過提出讓個人或團體以不同方式去思考和行動的機會，來緩和嚴肅氣氛。

● 起身行動，不要陷溺

　　我們很容易因動物的痛苦感到氣餒或沮喪，或甚至覺得有義務與他們一同受苦。我承認要控制這些感受很困難，但我們仍然可以做出有意識的選擇，以避免陷入痛苦之中。我敢肯定，如果我們更有效率，動物也會更快樂，而若要有效率，需具備精力及與外部互動的聚焦。如果你感覺快要被暴力吞噬，請重新建構你眼前的故事：舉例來說，觀看或閱讀收容所或庇護所的救援故事，而非陷在這些動物被救出前的恐懼之中。

● 心懷感恩

即使身在痛苦中，仍有許多事物足以感恩。感恩之情能滋養我們，助我們一臂之力。我們為有機會提供幫助並關心他人而心懷感謝——許多人因為貧窮、無家可歸、暴力、疾病或政治壓迫而無法做這樣的事。即便是我們的脆弱都可以成為感恩之源，它能激勵我們去為他人改善現況。

● 你也是動物！

當然如果你想屈居於陋室，拒絕金援，還照顧五隻流浪狗，這完全沒問題，但這只能由自己選擇。個人的困苦並非還有效率倡議者的先決條件，擁有豐厚工作收入及福利的專業人士可能和在生活於靠近邊緣的人一樣有效率——或許還更好，因為更高的物質舒適度會讓倡議者的生活更易維持，也有更多的錢可以捐獻。如同我在先前說的，透過動物權倡議和維根主義來賺錢維生，是完全可以接受的，無論是在私人或公眾領域，企業老闆或公民社會運動家。

你也值得休息和放鬆。如果不能說服自己喘口氣，因為動物們需要你，那麼請告訴自己，**當恢復活力和充滿能量時，你將會成為更有效率的倡議者**。不要忽略自己的幸福快樂。如果你熱愛你所做的事業、擅長從事這些事，並且感到自己正在改變世界，那麼你的任務就是確保自己能維持這些好的感覺。這是你和動物都應得的。

結語
維根運動策略與溝通的未來

「革新並不是美德問題，而是成效問題。」

——尚保羅沙特（Jean-Paul Sartre）

　　我在本書中已指出，維根運動需要適當程度的務實性。如我所述，個人和整體社會在動物利用方面的投入和依賴度太高，以致於理想主義和道德訊息並不足夠。**我們必須把「為動物而蔬食」的訊息和「為了任何理由減少吃肉」的訊息結合起來**，我們需要透過遊說以及和私人機構合作來創建一個有利的環境，支持他們的努力，以創造並銷售能取代動物性食品的優良替代食物；我們也需要遊說推動健康及環保的非營利機構以及政府，以傳播意識並訂定促進變革的法律和規範。最後，如果我們想要更具包容性，我們可能需要放寬我們對維根主義的概念。

　　某天，整個體系將會改變。何時會發生，我們並不知道，但一旦發生，它將涉及相當深刻的轉變。這件事不會僅因為維根主義者的存在，而也需有大量減肉族群時才會發生；它也不會僅僅因為道德覺醒，

而也需要在與動物性食品相關的永續性及健康議題受到重視時才會發生。這將會提高動物性食品的價格，並催生出更好且更容易取得的動物性食品替代品。

我深信，在跨過某個轉捩點之後，我們可以減少務實主義的需求，而理想主義的訊息將能嶄露頭角；人們的心靈和心智對於憐憫和動物權利等訊息的接受度將會更加提高；隨著每一家提供蔬食漢堡的新餐廳或商店的興起，都能讓從道德倫理方面去探討動物議題的推廣方式變得更加容易；動物權利倡議者將能夠在任何時刻揭發物種歧視的行為；隨著更多人認同我們的立場，直接的行動和抗爭將會變得更有效率；將動物從工廠中拯救出來的行動將會獲得更多公眾支持；未來我們將不用再把進入維根俱樂部的門檻調低；維根村將不再位於遙遠的山上，而是近在身旁的溪谷中。

革命尚未成功，但我有全然的把握，我們一定會讓改變成真。

註釋

1. 物種主義是指道德地位和個體價值（例如人類）的分配，單純因為它們屬於某個物種（例如智人 Homo sapiens）。

2. 綜覽肉品產業為了讓我們持續食用動物性食品所投入的心力以及所付出的金錢，請見瑪塔澤拉斯卡（Marta Zaraska）所著的沉迷肉林《Meathooked》一書第 6 章："Wagging the Dog of Demand."（本末倒置）

3. 在動物權利運動中，「福利主義者」一詞被貶意地用來表示旨在改善動物福利，而不是廢除動物利用的運動、訊息或態度。

4. 這個例子改編自〈妥協並不是共謀（Compromise Isn't Complicity）〉，希拉蕊雷蒂格（Hillary Rettig）在我的部落格 veganstrategist.org 上的客座文章，以亞當霍奇查爾德（Adam Hochschild）的《Bury the Chains》一書為基礎。

5. 否認維根群體也會對需求產生顯著而具體的影響，顯然是錯誤的。當特斯拉（Tesla）推出無皮革的車子，或當英國政府考慮從新的五磅鈔票中去除動物成分時，他們是為了維根族群而做，而非為了減肉族群。

6. 「覺知行為改變」（Perceived behavioral change）（與真實的改變相反）實際上可能是減少不和諧的策略的一部分。（Rothgerber）

7. 當然，人們可以轉而認定既然肉品業早就看透了我們溫和的訊息，那麼我們乾脆直接說出真相。但是，我們可以假設一般公眾並不像肉品業那樣具有防禦性和猜疑性。

8. 我發現一個有趣的悖論，即那些堅持認為吃純蔬食或採取維根生活是異常容易的人，往往同時也堅持最高的純淨度，而使得做這件事顯得異常困難。

9. 在沉迷肉林《*Meathooked*》一書中，作者瑪塔澤拉斯卡（Marta Zaraska）解釋了類似的民族主義者和在這種情況下反法國的情緒如何有助於消除英國人對馬肉的喜好（p. 157）。

10. 影響態度—行為連結的其他因素，包括態度的特殊性、行為的（覺知的）難度、個性因素（例如自我監控的程度），以及態度的強弱。關於最後一個因素，有個研究發現對於綠色和平（Greenpeace）有強烈正向態度的參與者，比較可能在一周後向該組織捐款。然而，對於正向態度微弱的參與者，其態度並不能預測其是否會有捐獻行為。相反地，在有機會捐款之後，他們的捐獻行為預測了他們對綠色和平的態度。因此，對這些參與者而言，他們的態度是由他們的行為形塑而成的（Hewstone et al.）。

11. 若想了解關於基因改造技術（GMO）潛在優勢的更多詳情，請見 www.vegangmo.com.

附錄
資源

　　以下是我所推薦的一些書籍、部落格、網站、廣播以及其他資源，它們可以幫助你成為一個更好的動物權倡導者。有些是把焦點放在維根以及動物權利倡議，有些則是一體適用的。你也可以在參考書目中找到一些參考資料。

我個人參與的計畫

★ Veganstrategist.org：這是我自己的部落格，每星期更新。我在此提供我自己對於策略及溝通等方面的個人經驗和想法，以及忠告——有時候帶有爭議性，但總發人深省。也請參考：facebook.com/veganstrategist.

★ The Center for Effective Vegan Advocacy（veganadvocacy.org）：有效維根推廣中心，由我和梅樂妮喬伊（Melanie Joy）所共同創辦，簡稱 CEVA。CEVA 的宗旨在於提升全球蔬食／維根倡導的影響力。我們在全球提供為期兩天、關於策略和溝通的培訓，也發放補助金。CEVA 的網站也有提供給倡議者的資源庫。CEVA 是超越肉食組織（Beyond Carnism）的計畫，致力於揭露並轉變肉食主義——這個制約人們食用某些動物的無形信念系統。

★ ProVeg International （proveg.com）：普羅維植國際植物性飲食協會是我和梅樂妮和賽巴斯汀喬伊（Melanie and Sebastian Joy）共同新設立的全球食物覺醒推廣組織，目的在於將我們的策略性方法轉變為行動。ProVeg 的目標是在 2040 年時降低百分之五十的全球動物性產品消費量，我們的願景是希望世界上每一個人都選擇既美味又健康，且有益於所有人類、動物和地球的食物。

策略

★ *The Accidental Activist：Stories, Speeches, Articles, and Interviews by Vegan Outreach's Founder*, Matt Ball（* 無中文版）

★ *The Animal Activist's Handbook: Maximizing Our Positive Impact in Today's World*, Matt Ball and Bruce Friedrich

《動物權利行動手冊》，麥特波爾和布魯斯佛里德里希合著。由來自清華大學、北京體育大學、北京外國語大學和北京大學的同學們共同翻譯完成。資料來源：http://dodoshare.org/theanimalactivistshandbook_chp01a/

★ *Animal Impact: Secrets Proven to Achieve Results and Move the World*, Caryn Ginsberg（* 無中文版）

★ *Changing the Game: Animal Liberation in the Twenty-first Century*, Norm Phelps（* 無中文版）

★ *Made to Stick: Why Some Ideas Take Hold and Others Come Unstuck*, *Chip and Dan Heath*

《創意黏力學》，奇普希思和丹希思合著，大塊文化，2007 年出版，目前已絕版

★ *The Reducetarian Solution: How the Surprisingly Simple Act of Reducing the Amount of Meat in Your Diet Can Transform Your Health and the Planet*, Brian Kateman（＊無中文版）

★ *Strategic Action for Animals: A Handbook on Strategic Movement Building, Organizing, and Activism for Animal Liberation*, Melanie Joy（＊無中文版）

★ *Switch: How to Change Things When Change Is Hard*, Chip and Dan Heath

《改變，好容易》，奇普希思和丹希思合著，大塊文化，2010 年出版，目前已絕版

★ *The Tipping Point: How Little Things Can Make a Big Difference*, Malcolm Gladwell

《引爆趨勢：小改變如何引發大流行》，麥爾坎葛拉威爾著，時報文化，2013 年出版，目前已絕版

★ Veganstrategist.org：我自己的部落格（也有臉書）

更有效率的溝通及影響他人

★ *How to Win Friends and Influence People*, Dale Carnegie

《卡內基溝通與人際關係：如何贏取友誼與影響他人〔2015 年新版〕》，戴爾卡內基著，龍齡出版社，2015 年出版

★ *Influence: The Psychology of Persuasion*, Robert Cialdini

《影響力：讓人乖乖聽話的說服術〔珍藏版〕》，羅伯特席爾迪尼著，久石文化，2017 年出版

★ *Nonviolent Communication: A Language of Life*, Marshall Rosenberg

《非暴力溝通：愛的語言（全新增訂版）》，馬歇爾盧森堡著，光啟文化，2019 年出版

★ *Robin Hood Marketing: Stealing Corporate Savvy to Sell Just Causes*, Katya Andreesen（＊無中文版）

更加了解人們

★ Carnism.org：解釋食用動物的心理學

★ *Change of Heart: What Psychology Can Teach Us about Spreading Social Change*, Nick Cooney（＊無中文版）

★ *Meathooked: The History and Science of Our 2.5-Million-Year Obsession with Meat*, Marta Zaraska（＊無中文版）

打造全蔬食世界

★ *The Righteous Mind: Why Good People Are Divided by Politics and Religion*, Jonathan Haidt（＊無中文版）

★ *Some We Love, Some We Hate, Some We Eat: Why It's So Hard to Think Straight about Animals*, Hal Herzog

《為什麼狗是寵物？豬是食物？人類與動物之間的道德難題》，
哈爾賀佐格著，遠足文化，2012 年出版

★ *Veganomics: The Surprising Science on What Motivates Vegetarians, from the Breakfast Table to the Bedroom*, Nick Cooney（＊無中文版）

★ *Why We Love Dogs, Eat Pigs and Wear Cows: An Introduction to Carnism*, Melanie Joy

《盲目的肉食主義：我們愛狗卻吃豬、穿牛皮？》梅樂妮喬伊著，
新樂園文化，2016 年出版

了解什麼有效

★ Animalcharityevaluators.org：有效利他理念──對於最有效的動物倡導組織的啟發性研究和建議

★ Faunalytics.org：全球最大規模關於動物的研究匯整

★ Mercyforanimals.org/research：由憫惜動物組織（Mercy For Animals）所進行，關於改善養殖動物倡議行動有效性的研究

★ Effective Animal Activism：關於動物議題有效推廣的訊息及討論的臉書社群

有效利他理念

★ 80000hours.org：給有效利他理念者的生涯建議

★ Effectivealtruism.org：欲了解有效利他理念不可或缺的網站

★ Sentience-politics.org ／ philosophy：有效利他理念的哲學入門

★ *Doing Good Better: Effective Altruism and a Radical New Way to Make a Difference*, William MacAskill（＊無中文版）

★ *How to Be Great at Doing Good: Why Results Are What Counts and How Smart Charity Can Change the World*, Nick Cooney（＊無中文版）

★ *The Most Good You Can Do: How Effective Altruism Is Changing Ideas about Living Ethically*, Peter Singer（＊無中文版）

更清晰地思考並保持開放的心胸

★ Lesswrong.com：一個致力於重新定義人類理性這門藝術的社群部落格

★ Samharris.org ／播客（podcast）：神經學者暨哲學家山姆哈里斯（Sam Harris）與來賓對談，討論各種通常帶有爭議性的議題

★ *The Art of Thinking Clearly*, Rolf Dobelli

《思考的藝術：52 個非受迫性思考錯誤》，羅爾夫多貝里著，商周出版，2012 年出版

更有生產力及組織性

★ *The Seven Habits of Highly Effective People: Powerful Lessons in Personal Change*, Stephen R. Covey

《與成功有約：高效能人士的七個習慣》，史蒂芬柯維著，天下文化，2017 年出版〔全新修訂版〕。

★ *Getting Things Done: The Art of Stress-free Productivity*, David Allen

《搞定！：工作效率大師教你：事情再多照樣做好的搞定 5 步驟》，大衛艾倫著，商業周刊，2016 年出版

★ *Making Ideas Happen: Overcoming the Obstacles between Vision and Reality*, Scott Belsky

《想到就能做到》，史考特貝爾斯基著，大塊文化，2013 年出版，目前已絕版

★ *The Power of Less: The 6 Essential Productivity Principles that Will Change Your Life*, Leo Babauta

《少做一點不會死！越少越厲害的超簡單工作生活雙贏法則》，李奧巴伯塔著，野人文化，2009 年出版，目前已絕版

如何持續向前

★ Friendly and Pragmatic Vegans and Vegetarians：友善且務實的純植物生活者和奶蛋蔬食主義者，我推薦的臉書社群

★ *The Lifelong Activist: How to Change the World without Losing Your Way*, Hillary Rettig（＊無中文版）

★ *Trauma Stewardship: An Everyday Guide to Caring for Self While Caring for Others*, Laura van Dernoot Lipsky（＊無中文版）

維持健康以及倡導健康

★ *Becoming Vegan: Comprehensive Edition: The Complete Reference to Plant-based Nutrition*, Brenda Davis and Vesanto Melina（＊無中文版）

★ Jacknorrisrd.com：純植物飲食營養師傑克諾理斯（Jack Norris）的部落格

★ Nutritionfacts.org：由麥可葛雷格（Michael Greger）醫師所提供，豐富的純植物營養訊息網站

★ Theveganrd.com：純植物飲食營養師金妮梅斯納（Ginny Messina）的部落格

★ *Vegan for Life: Everything You Need to Know to Be Healthy and Fit on a Plant-based Diet*, Jack Norris and Virginia Messina（＊無中文版）

★《非藥而癒》，美國責任醫師協會（PCRM）營養學專家徐嘉博士著。

公司及企業

★ Futuremeat.org：現代農業基金會（Modern Agriculture Foundation）的網站

★ GFI.org：好食品研究所（The Good Food Institute）的網站

★ New-harvest.org：新收穫（New Harvest，或稱新收成）精進研究生產
不用動物的動物性食品背後的科學

★ *The Personal MBA: A World-class Business Education in a Single
Volume*, Josh Kaufman（＊無中文版）

★ Plantbasedfoods.org：植物性食品協會（Plant Based Foods Association）
的網站

★ Theplantbasedentrepreneur.com：包含純素創業公司創辦人、企業主，
以及烹飪教學等等的播客（podcast）頻道

烹飪教育與倡導

★ Chefchloe.com：克蘿依科斯卡蕾莉（Chloe Coscarelli）的網站，裡
面有食譜、影片、書籍和其他資料

★ Foodphotographyschool.com：教你如何為蔬食餐點拍出美麗照片的
課程影片

★ Naturalgourmetinstitute.com：位於紐約，歷史悠久的健康、植物性烹
飪機構

★ Plantlab.com：主廚兼企業家馬修肯尼（Matthew Kenny）的品牌，提
供不同國家／地區的植物性飲食烹飪課程以及相關資訊

★ Rouxbe.com：給業餘者和專業人士的線上烹飪課程，包括傳統及植
物性烹飪

特定主題

★ Preventsuffering.org：高強度痛苦預防組織 Organisation for the Prevention of Intense Suffering（OPIS）的網站

★ Reducing Wild Animal Suffering：關於減少野生動物痛苦的臉書社團

★ Vegangmo.com：該網站倡導在動物公益的奮鬥中採取合理的生物技術方法

其他資源

★ Colleenpatrickgoudreau.com：作者柯琳派崔克古德洛（Colleen Patrick-Goudreau）的播客頻道、影片及部落格貼文

★ Mattball.org：維根推廣組織（Vegan Outreach）的共同創辦人及作家麥特波爾（Matt Ball）的部落格

★ Unity.fm/program/mainstreetvegan：維多莉亞莫蘭（Victoria Moran）的播客頻道

★ Medium.com/@TheAnimalist：為動物倡導方面提供務實、實證方法的部落格

★ Ourhenhouse.org：關於維根及動物權的一個長期播客頻道

★ Unnatural Vegan（YouTube）：關於維根主題，風格較為嚴肅理性的頻道

★ Vegan.com：網頁和臉書頁面，由艾瑞克馬克斯（Erik Marcus）和其他優秀的員工所經營。

參考書目

Abelson, R. P. 1972. "Are Attitudes Necessary?" In B. T. King and E. McGinnies (eds.), *Attitudes, Conflict and Social Change* (New York: Academic Press): 19–32.

Adams, Carol J. 2015. *The Sexual Politics of Meat: A Feminist-Vegetarian Critical Theory: 25th Anniversary Edition* (London: Bloomsbury).

Allen, David. 2001. *Getting Things Done: The Art of Stress-Free Productivity* (London: Penguin).

Alinsky, Saul. 1989. *Rules for Radicals: A Pragmatic Primer for Realistic Radicals* (New York: Vintage).

Andreesen, Katya. 2006. *Robin Hood Marketing: Stealing Corporate Savvy to Sell Just Causes* (San Francisco: Jossey-Bass).

Animal Charity Evaluators. 2015. *Vegetarian Recidivism* <https://animal charityevaluators.org/research/dietary-impacts/ vegetarian-recidivism/>.

Asch, S. E. 1951. "Effects of Group Pressure upon the Modification and Distortion of Judgment." In H. Guetzkow (ed.), *Groups, Leadership and Men* (Pittsburgh: Carnegie Press): 117–90.

——. 1955. "Opinions and Social Pressure," *Scientific American* 193(5): 31–35.

——. 1956. "Studies of Independence and Conformity: I. A Minority of One against a Unanimous Majority," *Psychological Monographs: General and Applied* 70(9): 1–70.

Asher, K., C. Green, H. Gutbrod, M. Jewell, G. Hale, and B. Bastian. 2014. *Study of Current and Former Vegetarians and Vegans: Initial Findings* <https:// faunalytics.org/wp-content/uploads/2015/06/Faunalytics_ Current-Former-Vegetarians_Full-Report.pdf>.

——. 2016a. *Study of Current and Former Vegetarians and Vegans: Secondary Findings* <https://faunalytics.org/wp-content/uploads/2016/02/ Faunalytics-Study-of-Current-and-Former-Vegetarians-and-Vegans-–-Secondary-Findings-.pdf>.

——. 2016b. *A Summary of Faunalytics Study of Current and Former Vegetarians and Vegans* <https://faunalytics.org/a-summary-of-faunalytics-study-of-current-and-former-vegetarians-and-vegans/>.

Babauta, Leo. 2009. *The Power of Less: The 6 Essential Productivity Principles that Will Change Your Life* (Carlsbad, Calif.: Hay House).

Ball, Matt. 2014. *The Accidental Activist: Stories, Speeches, Articles, and Interviews by Vegan Outreach's Founder* (New York: Lantern).

Ball, Matt, and Bruce Friedrich. 2009. *The Animal Activist's Handbook: Maximizing Our Positive Impact in Today's World.* (New York: Lantern).

Bandura, A. 1977. "*Self-efficacy: Toward a Unifying Theory of Behavioral Change,*" *Psychological Review* 84(2): 191–215.

Beardsworth, A., and T. Keil. 1997. *Sociology on the Menu: An Invitation to the Study of Food and Society* (London: Routledge).

Belsky, Scott. 2011. *Making Ideas Happen: Overcoming the Obstacles between Vision and Reality* (London: Penguin).

Berscheid, E. 1966. "Opinion Change and Communicator–Communicatee Similarity and Dissimilarity," *Journal of Personality and Social Psychology* 4: 670–80.

Bird, Susan. 2016. *Vegan Butcher Opens Doors and the Meat Industry Goes Nuts*, Care2.com <http://www.care2.com/causes/vegan-butcher-opens-doorsand- the-meat-industry-goes-nuts.html>.

Bolotsky, Josh. n.d. *Use Your Radical Fringe to Shift the Overton Window*, Beautiful Trouble n.d. <http://beautifultrouble.org/principle/use-your-radical-fringe-to-shift-the-overton-window/>.

Brennan, L., and W. Binney. 2010. "Fear, Guilt, and Shame Appeals in Social Marketing," *Journal of Business Research* 63(2): 140–46. Carnegie, Dale. 2006/1936. *How to Win Friends and Influence People* (London: Random House).

Choi, Candice. 2015. "End of Meat? Startups Seek Meat Alternatives for the Masses," The Big Story (AP), December 29 <http://bigstory.ap.org/article/c3d68aac0b094faf9273ddefff67cf7e/end-meat-startups-seek-alternatives-masses>.

Cialdini, Robert. 2007/1984. *Influence: The Psychology of Persuasion* (New York: Collins Business).

Cialdini, R., J. Demaine, B. Sagarin, D. Barrett, K. Rhoads, and L. Winter. 2006. "Managing Social Norms for Persuasive Impact," *Social Influence* 1(1): 3–15.

Coetzee, J. M. 2003. *Elizabeth Costello* (London: Penguin).

打造全蔬食世界

Cooney, Nick. 2011. *Change of Heart. What Psychology Can Teach Us about Spreading Social Change* (New York: Lantern).

——. 2014. *Veganomics: The Surprising Science on What Motivates Vegetarians from the Breakfast Table to the Bedroom* (New York: Lantern).

——. 2015. *How to Be Great at Doing Good: Why Results Are What Counts and How Smart Charity Can Change the World* (San Francisco: Jossey-Bass).

Covey, Stephen. 1989. *The Seven Habits of Highly Effective People: Powerful Lessons in Personal Change* (New York: Fireside).

Cuddy, Amy. 2015. Presence: *Bringing Your Boldest Self to Your Biggest Challenges* (New York: Little, Brown).

Costello, K., and G. Hodson. 2010. "Exploring the Roots of Dehumanization: The Role of Animal–Human Similarity in Promoting Immigrant Humanization," in *Group Processes & Intergroup Relations* 13: 3–22.

——. 2014. "Lay Beliefs about the Causes of and Solutions to Dehumanization and Prejudice: Do Non-experts Recognize the Role of Human–Animal Relations?" *Journal of Applied Social Psychology* 44: 278–88.

Davis, Brenda, and Vesanto Melina. 2014. Becoming Vegan: Comprehensive Edition. *The Complete Reference to Plant-based Nutrition* (Summertown, Tenn.: Book Publishing Company).

Dhont, K., and G. Hodson. 2014. "Why Do Right-wing Adherents Engage in More Animal Exploitation and Meat Consumption?" *Personality and Individual Differences* 64: 12–17.

——. 2015. "The Person-based Nature of Prejudice: Individual Difference Predictors of Intergroup Negativity," *European Review of Social Psychology* 26: 1–42.

Dhont, K., G. Hodson, and A. C. Leite. 2016. "Common Ideological Roots of Speciesism and Generalized Ethnic Prejudice: The Social Dominance Human–Animal Relations Model" (SD–harm), *European Journal of Personality* 30: 507–22.

Dobelli, Rolf. 2013. *The Art of Thinking Clearly* (London: Hodder & Stoughton).

Duhigg, Charles. 2012. *The Power of Habit: Why We Do What We Do and How to Change.* (London: Random House).

Eagly, A. H. 1978. "Sex Differences in Influenceability," *Psychological Bulletin* 85: 86–116.

Faunalytics. 2007. *Advocating Meat Reduction and Vegetarianism to Adults in the US* <https://faunalytics.org/wp-content/uploads/2016/02/HRC-Veg-Study-2007-Full-Report-HRC-MASTER.pdf>.

——. 2012. *Why or Why Not Vegetarian?* <http://faunalytics.org/wp-content/uploads/2015/05/Fundamentals_Why-Why-Not-Vegetarian.pdf>.

Ferriss, Tim. 2016. "Ezra Klein: From College Blogger to Political Powerhouse," <http://tim.blog/2016/12/13/ezra-klein/> December 12.

Festinger, L. 1957. *A Theory of Cognitive Dissonance* (Stanford: Stanford University Press).

Fhaner, G., and M. Hane. 1979. "Seat Belts: Opinion Effects of Law-induced Use," *Journal of Applied Psychology* 64: 205–12.

Fiddes, Nick. 1991. *Meat: A Natural Symbol* (London: Routledge).

Freedman, J., and S. Fraser. 1966. "Compliance without Pressure: The Footin-the-door Technique," *Journal of Personality and Social Psychology* 4: 195–203.

Gladwell, Malcolm. 2000. The Tipping Point: *How Little Things Can Make a Big Difference* (New York: Back Bay).

Godin, Seth. 2015. "How Idea Adoption Works: The Idea Progression," Seth Godin's website, September <http://sethgodin.typepad.com/seths_blog/2015/09/how-idea-adoption-works-the-idea-progression.html>.

——. 2017. "The Two Vocabularies (Because There Are Two Audiences)," Seth Godin's website, February <http://sethgodin.typepad.com/seths_blog/2017/02/the-two-vocabularies-because-there-are-two-audiences.html>.

Ginsberg, Caryn. 2011. Animal Impact: *Secrets Proven to Achieve Results and Move the World* (Arlington, Va.: Priority Ventures).

Haidt, Jonathan. 2013. *The Righteous Mind: Why Good People Are Divided by Politics and Religion* (New York: Vintage).

Haines, H. 2013. "Radical Flank Effects," in D. Snow, D. della Porta, B. Klandermans, and D. McAdam (eds.), *The Wiley Blackwell Encyclopedia of Social and Political Movements* (Chichester, Eng.: Wiley Blackwell).

Hamilton, M. 2006. "Eating Death: Vegetarians, Meat and Violence," *Food, Culture & Society* 9(2): 155–77.

打
造
全
蔬
食
世
界

Harrison-Dunn, Annie-Rose. 2014. "Brits Moving to Non-dairy Pastures: Mintel Report," <http://www.foodnavigator.com/Market-Trends/Dairy-alternatives-on-the-up-Mintel>.

Haverstock K., and D. Forgays. 2012. "To Eat or Not to Eat: A Comparison of Current and Former Animal Product Limiters," *Appetite* 58: 1030–36.

Heath, Chip, and Dan Heath. 2008. Made to Stick: Why Some Ideas Take Hold and Others Come Unstuck (London: Arrow).

——. 2010. *Switch: How to Change Things When Change Is Hard* (London: Random House).

Herzog, Hal. 2011. *Some We Love, Some We Hate, Some We Eat: Why It's So Hard to Think Straight about Animals* (New York: Harper Perennial).

Hewstone, M., W. Stroebe, and K. Jonas. 2012. *An Introduction to Social Psychology: Fifth Edition* (Oxford: Blackwell).

Hochschild, Adam. 2006. *Bury the Chains: Prophets and Rebels in the Fight to Free an Empire's Slaves* (New York: Mariner).

Hoffman, S., S. Stallings, R. Bessinger, and G. Brooks. 2013. "Differences between Health and Ethical Vegetarians: Strength of Conviction, Nutrition Knowledge, Dietary Restriction, and Duration of Adherence," Appetite 65: 139–44.

Holland, R., B. Verplanken, and A. Van Knippenberg. 2002. "On the Nature of Attitude-behavior Relations: The Strong Guide, The Weak Follow," European Journal of *Social Psychology* 32(6): 869–76.

Humane League Labs. 2014. "Diet Change and Demographic Characteristics of Vegans, Vegetarians, Semi-vegetarians, and Omnivores" <http://www.humaneleaguelabs.org/blog/2014-04-07-large-scale-survey-vegans-vegetarians-and-meat-reducers/>.

Interlandi, Jeneen. 2015. "The Brain's Empathy Gap: Can Mapping Neural Pathways Help Us Make Friends with Our Enemies?" *New York Times*, March 19.

Ivox research, commissioned by eva. 2016. Research among 1,000 Flemish people.

IVU (International Vegetarian Union). n. d. "The Vegetarian World Forum" 1(5) (Spring 1951): 6–7 <http://www.ivu.org/history/worldforum/ 1951vegan.html>.

Joy, Melanie. 2008. Strategic Action for *Animals: A Handbook on Strategic Movement Building, Organizing, and Activism for Animal Liberation* (New York: Lantern).

——. 2010. *Why We Love Dogs, Eat Pigs and Wear Cows: An Introduction to Carnism* (San Francisco: Conari Press).

Kateman, Brian. 2017. *The Reducetarian Solution: How the Surprisingly Simple Act of Reducing the Amount of Meat in Your Diet Can Transform Your Health and the Planet* (New York: Tarcher Perigee).

Kaufman, Josh. 2012. *The Personal MBA: A World-class Business Education in a Single Volume* (London: Penguin).

Knowles, E. S., and J. A. Linn. 2004. *Resistance and Persuasion* (Mahwah, N.J.: Erlbaum).

Kolbert, Elizabeth. 2017. "Why Facts Don't Change Our Minds. New Discoveries about the Human Mind Show the Limitation of Reason," *New Yorker*, February 27.

Kraus, S. 1995. "Attitudes and the Prediction of Behavior: A Meta-analysis of the Empirical Literature," *Personality and Social Psychology Bulletin* 21(1): 58–75.

Kreausukon, P., P. Gellert, S. Lippke, and R. Schwarzer. 2012. "Planning and Self-efficacy Can Increase Fruit and Vegetable Consumption: A Randomized Controlled Trial," *Journal of Behavioral Medicine* 35(4): 443–51.

Lea, E., and A. Worsley. 2003. "Benefits and Barriers to the Consumption of a Vegetarian Diet in Australia," *Public Health Nutrition* 6(5): 505–11.

Leenaert, Tobias. 2017. "When Activists Mean Business: An Interview with David Benzaquen," Vegan Strategist, February 8 <http://veganstrategist. org/2017/02/08/business-is-not-a-four-letter-word-an-interview-with-david-benzaquen/>.

——. 2016. "The Extremely Inconvenient Truth of Wild Animal Suffering," Vegan Strategist, June 1 < http://veganstrategist.org/2016/06/01/ the-extremely-inconvenient-truth-of-wild-animal-suffering/>.

Levitt, T. 2011. "Jonathan Safran Foer: Environmentalists Who Eat Meat Have a Blind Spot," *The Ecologist*," January 24 <http://www.theecologist.org/ Interviews/739796/jonathan_safran_foer_environmentalists_who_eat_ meat_have_a_blindspot.html>.

打
造
全
蔬
食
世
界

Loughnan S., N. Haslam, and B. Bastian. 2010. "The Role of Meat Consumption in the Denial of Moral Status and Mind to Meat Animals," *Appetite* 55(1): 156–59.

McEwen, Annie and Matt Kielty. 2016. "Alpha Gal," Radiolab, October 27 <radiolab.org/story/alpha-gal>.

MacAskill, William. 2016. *Doing Good Better: Effective Altruism and a Radical New Way to Make a Difference* (New York: Penguin).

Marques, J., V. Yzerbyt, and J-P Leyens. 1988. "The "Black Sheep Effect": Extremity of Judgments towards Ingroup Members as a Function of Group Identification," *European Journal of Social Psychology* 18(1): 1–16.

Maurer, Donna. 2012. *Vegetarianism: Movement or Moment?* (Philadelphia: Temple University Press).

Meindertsma, Christien. 2010. "How Pig Parts Make the World Turn," tedtalk <https://www.youtube.com/watch?v=BRETz2F-heQ>.

Messina, Virginia. 2015. "Preventing Ex-Vegans: Why Feeling 'Normal' Matters," VeganRD, July <http://www.theveganrd.com/2015/07/ preventing-ex-vegans-why-feeling-normal-matters.html>.

Meyers, David G. 2011. *Psychology: Tenth Edition* (New York: Worth Publishers).

Minson, Julia A., and Benoît Monin. 2012. "Do-Gooder Derogation: Disparaging Morally Motivated Minorities to Defuse Anticipated Reproach," *Social Psychological and Personality Science* 3(2) 2012: 200–7.

Mullee, A., L. Vermeire, B. Vanaelst, B. et al. "Vegetarianism and Meat Consumption: A Comparison of Attitudes and Beliefs between Vegetarian, Semi-vegetarian, and Omnivorous Subjects in Belgium. Appetite forthcoming.

Nibert, David. 2002. *Animal Rights/Human Rights: Entanglements of Oppression and Liberation* (Lanham, Md.: Rowman & Littlefield).

Norris, Jack, and Virginia Messina. 2011. *Vegan for Life: Everything You Need to Know to Be Healthy and Fit on a Plant-based Diet* (Boston: Da Capo).

Our Hen House. 2016. "The Good Food Institute's Bruce Friedrich and a Review of Vegan Everyday Stories from Eric Milano and Laura Delhauer," July, episode 338 <http://www.ourhenhouse.org/2016/07/episode- 338-the-good-food-institutes-bruce-friedrich-and-a-review-of-veganeveryday-stories-from-eric-milano-and-laura-delhauer>.

Phelps, Norm. 2015. *Changing the Game: Animal Liberation in the Twenty-first Century* (New York: Lantern).

Piazza J., M. B. Ruby, S. Loughnan, M. Luong, J. Kulik, H. M. Watkins, and M. Seigerman. 2015. "Rationalizing Meat Consumption. The 4Ns," *Appetite* 91: 114–28.

Piazza, J., and S. Loughnan. 2016. "When Meat Gets Personal, Animals' Minds Matter Less: Motivated Use of Intelligence Information in Judgments of Moral Standing," *Social Psychological and Personality Science* 7(8): 876–84.

Pinker, Stephen. 2011. *The Better Angels of Our Nature: A History of Violence and Humanity* (London: Penguin).

Potts, Annie. 2010. "Vegan Sexuality: Challenging Heteronormative Masculinity through *Meat-free Sex*," in Feminism & Psychology 20: 53–72.

Purdy, Chase. 2016. "Inside the Battle to Convince America to Eat Meatless Burgers," *Quartz*, December 11 <https://qz.com/853332/behind-the-fight-to-convince-people-to-buy-meatless-burgers/>.

Regan, Tom. 2004/1983. *The Case for Animal Rights* (Oakland: University of California Press).

Rettig, Hillary. 2006. *The Lifelong Activist: How to Change the World without Losing Your Way* (New York: Lantern).

——. 2016. "Compromise Isn't Complicity," Vegan Strategist, November 6 <http://veganstrategist.org/2015/11/06/compromise-isnt-complicity-fourreasons- vegan-activists-should-welcome-reducetarianism-and-one-big-reason-reducetarians-should-go-vegan/>.

Reuter, T., J. P. Ziegelmann, A. U. Wiedemann, C. Geiser, S. Lippke, B. Schüz, B., and R. Schwarzer. 2010. "Changes in Intentions, Planning, and Selfefficacy Predict Changes in Behaviors: An Application of Latent True Change Modeling," *Journal of Health Psychology* 15: 935–47.

Robbins, James. 1992. "How Capitalism Saved the Whales," Foundation for Economic Education <https://fee.org/articles/ how-capitalism-saved-the-whales/>.

Rogers, Everett M. 2003. *Diffusion of Innovations: Fourth Edition*. New York: Free Press.

Rosenberg, Marshall. 2003. *Nonviolent Communication: A Language of Life* (Encinitas, Calif.: Puddledancer Press).

Rothgerber, Hank. 2014. "Efforts to Overcome Vegetarian-induced Dissonance among Meat Eaters," *Appetite* 79: 33.

Schwitzgebel, E. 2013. "The Moral Behaviour of Ethics Professors and the Role of the Philosopher," Schwitzsplinters.com, September 3, 2013 <http://schwitzsplinters. blogspot.co.uk/2013/09/the-moral-behavior-of-ethicsprofessors. html>.

Schwitzgebel E., and J. Rust. 2014. "The Moral Behavior of Ethics Professors: Relationships among Self-reported Behavior, Expressed Normative Attitude, and Directly Observed Behaviour," *Philosophical Psychology* 27(3): 1–35.

Serpell, James. 1996. *In the Company of Animals: A Study of Human–Animal Relationships* (Cambridge: Cambridge University Press).

Sethu, Harish. 2015. "How Many Animals Does a Vegetarian Save?" Counting Animals, March 16 <http://www.countinganimals.com/ how-many-animals-does-a-vegetarian-save/>.

Shore, Randy. 2015. "B.C. Companies Thrive as Meatless Eating Goes Mainstream," *Vancouver Sun*, November 20 <http://www.vancouversun. com/health/companies+thrive+meatless+eating+goes+mainstr eam/11550063/story.html>.

Singer, Peter. 1995. *Animal Liberation: Second Edition* (London: Pimlico).

——. 1998. *Ethics into Action: Henry Spira and the Animal Rights Movement* (Lanham, Md.: Rowman & Littlefield).

——. 2015. *The Most Good You Can Do: How Effective Altruism is Changing Ideas about Living Ethically* (New Haven: Yale University Press).

Spiegel, Marjorie. 1989. *The Dreaded Comparison: Human and Animal Slavery* (New York: Mirror Books).

Thaler, Richard, and Cass Sunstein. 2009. *Nudge: Improving Decisions about Health, Wealth and Happiness* (London: Penguin).

Thomson, Lars, and Reuben Proctor. 2013. *Veganissimo A to Z: A Comprehensive Guide to Identifying and Avoiding Ingredients of Animal Origin in Everyday Products* (New York: The Experiment).

Tuttle, Stacey. 2013. "Lincoln Movie—Thoughts on a Compass," Shepherd Project, February 21 <http://shepherdproject.com/ lincoln-thoughts-on-a-compass/>.

Van Dernoot Lipsky, Linda. 2009. *Trauma Stewardship: An Everyday Guide to Caring for Self While Caring for Others* (San Francisco: Berrett-Koehler).

Van Zomeren, M., T. Postmes, and R. Spears. 2008. "Toward an Integrative Social Identity Model of Collective Action: A Quantitative Research Synthesis of Three Socio-psychological Perspectives," *Psychological Bulletin* 134: 504–35.

Vegan Bros. n.d. "Say This to Convince a Hunter to Go Vegan" <http://veganbros.com/hunters-go-vegan/>.

VRG. 2016. "How Many People Are Vegetarian or Vegan?" Vegetarian Resource Group <http://www.vrg.org/nutshell/faq.htm#poll>.

Wansink B., and J. Kim. 2005. "Bad popcorn in Big Buckets: Portion Size Can Influence Intake as Much as Taste," *Journal of Nutrition Education and Behavior* 37(5): 242–45.

Wicker, A. 1969. "Attitude Versus Actions: The Relationship of Verbal and Overt Behavioral Responses to Attitude Objects," *Journal of Social Issues* 25(4): 41–78.

Williams, Daren. 2012. "What's Wrong with Meatless Monday?" Beltway Beef, February 16 <https://beltwaybeef.wordpress.com/category/ meatless-monday/>.

Williams, Nancy. 2008. "Affected Ignorance and Animal Suffering: Why Our Failure to Debate Factory Farming Puts Us at Moral Risk," *Journal of Agricultural and Environmental Ethics* 21(4): 371–84.

Winslow, Gren. 2015. "Dropping in on the Animal Rights Movement," Canadian Cattlemen, October 19 <http://www.canadiancattlemen. ca/2015/10/19/dropping-in-on-the-animal-rights-movement/>.

Zane D., J. Irwin, and R. Walker Reczek. 2015. "Do Less Ethical Consumers Denigrate More Ethical Consumers? The Effect of Willful Ignorance on Judgments of Others," *Journal of Consumer Psychology* 26(3): 337–49.

Zaraska, Marta. 2016. *Meathooked: The History and Science of Our 2.5-Million-Year Obsession with Meat* (New York: Basic).

致謝

　　就像許多動物權倡導者一樣，多年來我花了很多時間針對什麼可行、什麼能運作得更好、什麼又行不通等方面，參與線上及私下的討論及辯論。我也讀了無數的文章、部落格貼文和由其他作者所寫的書。我對形塑了我的思考的人充滿感激，有很多我肯定會忘記姓名了，但我仍嘗試列舉一些人出來：

LyraAlves, Matt Ball, Martin Balluch, Brock Bastian, Vincent Berraud, Carolina Bertolaso, Jon Bockman, Lewis Bollard, Maarten Boudry, StijnBruers, Wolf Bullman, Angela Carstensen, Chen Cohen, Nick Cooney, Hans Dagevos, Jasmijn De Boo, Helen Duke, John Edmundson, Joe Espinoza, Lucie Evers, Joanne Fairbrother, Bernie Fischlowitz-Roberts, Swayze Foster, Rebecca Fox, Dan Friedman, Bruce Friedrich, Moritz Friedrich, Sarah Gilroy, Caryn Ginsberg, Matthew Glover, DobrusiaGogloza, Che Green, Lisa Green, Zach Groff, Gabi Helfert, Alex Hershaft, Wayne Hsiung, Louis Jans, Brian Kateman, Andrew Kirschner, Jonathan Leighton, Matt and Phil Letten, Axel Lieber, Jeffrey Lins, Christine Lofgren, Jo-Anne McArthur, Adriano Mannino, Jesse Marks, Ricardo Marques, EiselMazard, Suzanne McMillan, Kristina Mering, Pablo Moleman, Mikael Nielsen, Sharon Nuʔez, David Olivier, Fouke Ombelet, Heather Patrick, David Pearce, David Pedersen, Kurt Peleman, Jared Piazza, Jacy Reese, Hillary Rettig, Luc Rombaut, Jeff Rosenberg, Hank Rothgerber, StijnScholts, Harish Sethu, Paul Shapiro, Allison Smith, Charles Stahler, Kim Stallwood, Eva Supply, Brett

Thompson, Seth Tibbott, Brian Tomasik, Gabriele Vaitkevičíté, Jose Valle, Wannes Van Giel, Patrick Van Wynsberghe, Michel Vandenbosch, Pieter Vanderwegen, JefVervoort, Elaine Vigneault, JeroenWillemsen, 以及所有我在 EVA 的前同事們。我也要感謝 Dale Carnegie, Jonathan Haidt, Chip and Dan Heath, Erik Marcus, Colleen Patrick-Goudreau, Norm Phelps, Tom Regan, Peter Singer，以及其他許許多多人。

　　特別要感謝 Peter Singer 為本書賜序，成為我終生的一大激勵力量；謝謝 Amy Hall-Bailey 的封面設計及內頁插圖；謝謝 Kathryn Asher, Margaret Chandler, Kristof Dhont, Melanie Joy, Sebastian Joy, Alex Lockwood 和 Jens Tuider 對初稿提供完整的建議。藍燈書屋出版社的 Martin Rowe 的細膩編輯功力及對此議題的知識，都對此書提供了令人驚人的助益。最後，我要大大地感謝你們閱讀這本書，也感謝你們為了讓眾生萬物所在的這個世界更美好而做的一切。

國家圖書館出版品預行編目資料

打造全蔬食世界：如何輕鬆與人傳遞純植物飲食的美好 / 托比亞斯‧李納特（Tobias
Leenaert）著；張家珮譯. -- 初版 . -- 臺北市：原水文化出版：家庭傳媒城邦分公
司發行, 2020.03
　　面；　公分
譯自：How to create a vegan world : a pragmatic approach
ISBN 978-986-97735-3-9(平裝)
1. 生命倫理學 2. 動物保育 3. 素食主義

197.4   108012511

打造全蔬食世界：如何輕鬆與人傳遞純植物飲食的美好

How to Create a Vegan World: a pragmatic approach

作　　　者／托比亞斯‧李納特〔Tobias Leenaert〕
選書‧譯者／張家珮
翻 譯 志 工／Paulina Lee、高思蘋、徐郁淳 (心暖)、黃聖雅、汪劭純、劉思吟
責 任 編 輯／潘玉女

行 銷 經 理／王維君
業 務 經 理／羅越華
總　　編　輯／林小鈴
發　　行　人／何飛鵬
出　　　　版／原水文化
　　　　　　　台北市民生東路二段 141 號 8 樓
　　　　　　　電話：（02）2500-7008　傳真：（02）2502-7676
　　　　　　　E-mail：H2O@cite.com.tw　部落格：http://citeh2o.pixnet.net/blog/
發　　　　行／英屬蓋曼群島商家庭傳媒股份有限公司城邦分公司
　　　　　　　台北市中山區民生東路二段 141 號 11 樓
　　　　　　　書虫客服服務專線：02-25007718；25007719
　　　　　　　24 小時傳真專線：02-25001990；25001991
　　　　　　　服務時間：週一至週五上午 09:30 ～ 12:00；下午 13:30 ～ 17:00
　　　　　　　讀者服務信箱：service@readingclub.com.tw
劃 撥 帳 號／ 19863813；戶名：書虫股份有限公司
香 港 發 行／城邦（香港）出版集團有限公司
　　　　　　　香港灣仔駱克道 193 號東超商業中心 1 樓
　　　　　　　電話：(852)2508-6231　傳真：(852)2578-9337
　　　　　　　電郵：hkcite@biznetvigator.com
馬 新 發 行／城邦（馬新）出版集團
　　　　　　　41, Jalan Radin Anum, Bandar Baru Sri Petaling,
　　　　　　　57000 Kuala Lumpur, Malaysia.
　　　　　　　電話：(603) 90578822　傳真：(603) 90576622
　　　　　　　電郵：cite@cite.com.my

內 頁 設 計／劉麗雪
內 頁 排 版／陳喬尹
製 版 印 刷／卡樂彩色製版印刷有限公司
初　　　　版／ 2020 年 3 月 19 日
定　　　　價／ 400 元

城邦讀書花園
www.cite.com.tw

I S B N　978-986-97735-3-9
有著作權‧翻印必究（缺頁或破損請寄回更換）